DE L'OUBLI À LA MÉMOIRE

Jeanne Guillin

De l'oubli à la mémoire

Un autre regard sur l'abandon

Stock

De personne, de nulle part

La nuit fut longue et difficile.

Il est né à l'aube ; c'est un beau bébé, paisible, ignorant des interrogations qu'il apporte avec lui. Il n'apparaît pas différent des nouveau-nés qui l'entourent. Et pourtant, il est né « autrement ».

Sa mère de naissance semble reposée maintenant. Tout est étrangement calme autour d'elle. Ce n'est qu'apparence. Elle suscite pitié ou compassion ; les paroles qu'on lui adresse se veulent alors compréhensives et chaleureuses. La curiosité et la révolte provoquent aussi des regards blessants, des jugements définitifs. De toutes les façons elle quittera la maternité les bras vides.

Si elle a le cœur lourd, on ne le saura pas.

Lui partira ailleurs, à la pouponnière ou en nourrice, en attente pendant trois mois d'une mère d'adoption, d'une famille qui sera légalement la sienne à vie et qui l'espère depuis si longtemps !

Aujourd'hui son avenir demeure incertain. Il reste suspendu à un choix encore possible, dangereux ou rassurant suivant ce que l'on décidera pour lui.

Ainsi s'arrête pour EUX DEUX le chemin chaotique qu'ils ont parcouru ensemble pendant neuf mois.

ELLE a seize, vingt-huit ou treize ans... Elle a accouché anonymement, dans le secret de son identité et de son histoire. On ne saura rien d'elle. Plus jamais. Personne.

Il est né « sous X », abandonné, dit-on encore. On vient le voir avec envie, réprobation, tendresse aussi. Selon ce que chacun de ceux qui l'approchent supporte et assume de sa propre histoire.

Il gardera en lui cette question lancinante qu'il formulera lorsqu'elle sera trop difficile à porter seul et qui n'aura peut-être jamais de réponse ; qu'il préférera parfois enfouir et oublier : « Qu'y a-t-il de vrai dans cette histoire que je m'invente, que l'on me raconte, que l'on me tait ? Pourquoi moi ? »

Ces mots redoutés parce qu'ils recèlent des secrets qui les dépassent

Élie WIESEL.

Abandon, don : deux mots si proches chargés d'ambiguïté car ils résonnent si différemment. Du premier, supprimons deux syllabes seulement : on évite alors ce qui provoque, car le *don,* lui, sera toujours porteur d'une généreuse intention. Donner suppose un destinataire et gratifie celui qui reçoit comme celui qui destine. Alors qu'*abandonner* indique la séparation et le geste qui l'accompagne... Ne pourrait-on souffler justement que l'on ne donne pas comme on sème : à tout vent... et qu'abandonner n'a pour sens que celui qu'on entend lui attribuer ? Littré dans son dictionnaire propose une définition :

ABANDONNER : confier aux soins de, à la discrétion de.

C'est celle que j'ai adoptée et c'est celle qu'il faut entendre lorsque j'écris et prononce le mot « abandon ».

Toujours est-il que l'on ne cesse de privilégier le mot *adoption* qui au moins rassure et répare. La liste de livres sur le sujet ne cesse de croître, depuis que l'adoption franchit les frontières, les montagnes, les océans. Cette abondance prouve bien qu'il n'est pas simple d'avoir tant d'amour à donner. Et à recevoir.

Serait-on tenté, ce faisant, d'oublier ces « mères d'abandon », surtout si elles sont à notre porte ?

Elles ne prennent pas la parole : la leur donnerait-on volontiers ? Elles ne savent pas, elles n'osent pas. La voix de la « mal-mère » fut pourtant précieuse : le livre d'Agnès Laury[1]

1. *La Mal-Mère,* Pauvert, 1980.

fut vite épuisé. Même si on tente avec insistance de rayer délibérément ce mot, comme si on pouvait l'annuler, le remplacer par quelque périphrase ou euphémisme, l'abandon restera toujours déchirure. L'intolérable, c'est qu'il bouscule les idées reçues sur l'instinct maternel, l'attachement mère-enfant que l'on ne voudrait qu'indéfectible. Peut-être parce que nous refusons de mettre en cause l'amour absolu de notre propre mère, nous suggère Elisabeth Badinter[1]. Dès que nous en perdons la piste, l'angoisse nous saisit...

1. *L'Amour en plus,* Flammarion, 1980.

Tout être humain est saisi d'une angoisse profonde face à l'absence de sentiment maternel. Car cela éveille en lui tous les souvenirs ou fantasmes de mauvaise mère enfouis dans le passé oublié et qui sont la somme des angoisses les plus destructurantes : le besoin de la bonne mère est si profondément enraciné dans l'être humain que devant l'évidence d'une défaillance de l'attitude maternelle, il perd la notion même de la sécurité.

Ainsi, la société fait tout pour nier l'existence de ce manque.

Béatrice MARBEAU-CLEIRENS[1].

Petit enfant né aujourd'hui, tu te croiras plus tard sans histoire parce que tu ne sais rien de ton passé. Ce passé antérieur à ta naissance est le seul lien avec celle dont on essayera d'effacer l'image pour, dira-t-on, te faire vivre dans le présent.

On la croit, on la veut oublieuse pour oublier que sans elle tu ne serais pas là. « Puisqu'elle l'a abandonné » veut tout justifier. On la punit alors à travers toi, sans penser qu'on te punit ainsi d'une naissance dont les coupables — si peu responsables — ne sont jamais ceux auxquels on pense.

Alors, ton « dossier DASS » ne comportera que des blancs, des « vides vertigineux » diras-tu, à la mesure de ton mal de vivre ou de l'espoir que tu as d'y trouver « un petit bout de ton histoire ». Tes paroles seront alors provocantes parce que lourdes de souffrance.

Mon récit sera jalonné de phrases clés que je dois à ceux qui m'ont éclairée pendant ce parcours que j'ai fait pour apprivoiser l'abandon, tenter de l'humaniser, afin de rejoindre, en changeant peu à peu mon regard sur elles, les mères de ces enfants de personne, de nulle part. Et que pour chacun d'eux elle devienne quelqu'un.

---

1. *Les Mères célibataires et l'inconscient,* Éditions Universitaires, 1970, rééd. Delarge, 1980.

Un projet

Ce n'est pas pour être écrivain qu'on écrit. C'est pour rejoindre en silence cet amour qui manque à tout amour.

Christian BOBIN [1].

Pour pouvoir écrire ces pages, j'ai pensé me situer comme témoin, intermédiaire, porte-parole, pour transmettre la richesse du message reçu. Ne m'a-t-on pas répété souvent : « Il faut le dire, vous aideriez à comprendre ; il faut l'écrire », et même : « Vous n'avez pas le droit de le garder pour vous ! » C'était comme une provocation qui me servit aussi d'encouragement : je n'ai pu l'oublier.

J'ai voulu le faire en m'effaçant derrière mon sujet. Par facilité, je voulais d'abord laisser parler celles qui m'ont tant appris. C'était une tentation et une fuite.

En travaillant jour après jour, j'ai dû admettre que je ne pourrais parler d'elles qu'en me dévoilant. Car, si je les ai rencontrées, ces femmes, si jeunes souvent, enfermées dans le non-dit, ce fut au départ en pleine méconnaissance de cause. Au fil du temps, j'ai appris combien le sujet était provocant, dérangeant.

J'ai constaté qu'en parler paraît souvent « indécent », perçu comme une agression, entraînant attitude de défense et de refus, reflet de ce que l'abandon évoque pour chacun de nous.

Alors, face à moi, l'interlocuteur substitue un terme à un autre. « Bien sûr, c'est l'adoption qui vous occupe tant, n'est-ce pas ? Vous avez raison, c'est une si belle histoire ! »

Me serais-je donc mal exprimée ? Aurait-on mal enten-

1. Christian Bobin, *La Part manquante*, Gallimard, 1989.

du ? Il me faut préciser : « Je ne perds pas de vue l'adoption, mais j'en travaille aussi l'autre versant, la face cachée. Pour qu'un enfant soit adoptable, adopté, pour qu'il ait une famille, ne faut-il pas qu'une femme l'ait mis au monde et ait fait le projet de s'en séparer ? »

Une sorte d'angoisse apparaît sur les visages et je redoute la phrase qui mettra fin à la tentative d'échange : « Comment une femme peut-elle faire cela ?... » Ce n'est pas une question — ou si rarement — mais un jugement, un refus, un rejet dont j'ai appris à tenir compte et à ne jamais oublier ce halo de réprobation qui entoure l'abandon.

L'abandon n'est encore abordé qu'à voix basse. L'amour maternel n'est envisagé qu'indéfectible. L'abandon nous atteint au plus profond de nous-même. Comment imaginer, sans se sentir soi-même menacé, qu'une femme — qui aurait pu être notre mère... et ce serait un comble ! — n'éprouve pas instinctivement la joie sans mélange de mettre un enfant au monde ?

Ainsi, une femme peut avoir le projet d'abandonner un enfant avant qu'il ne soit né ? Ainsi, elle peut envisager de s'en séparer, définitivement ? Ainsi, elle pourrait choisir de ne pas être mère au-delà de la naissance de son enfant, après l'avoir porté pendant neuf mois ? « Et vous voudriez que ce soit acceptable ? » me dit-on.

Il me faut donc expliquer comment je suis parvenue à l'admettre, puis à le comprendre et espérer faire partager ma réflexion.

Comment, pourquoi, une femme peut-elle ainsi abandonner un enfant dès la naissance ? Je l'ai appris ; laborieusement. Grâce à ce qui m'a été difficilement exprimé, ce que j'ai précieusement reçu, recueilli, retenu. J'eus bientôt la conviction que je devais à mon tour témoigner, pour celles que j'allais évoquer, pour ces petits enfants qu'elles mettent au monde, pour les adultes qu'ils deviendront.

Alors, ce devint pour moi comme une justice à leur rendre. Et pour cela, il me faudrait évoquer chacune d'elles, « raconter » l'une et l'autre. Avec le souci constant de leur être fidèle et surtout la peur de les trahir si je le faisais mal.

Par tout ce qu'elles m'ont appris et par tout ce qui m'a

été donné de voir, d'entendre, j'ai été entraînée souvent là où je redoutais d'aller...

Je savais que ce serait subjectif — est-il possible qu'il en soit autrement ?, trop bienveillant, disent certains, exagérément indulgent, affirment d'autres, ou inutilement pathétique, objecte-t-on encore —, oubliant que c'est le sujet qui l'est ! Comment puis-je ne pas en rendre compte totalement ?

Utopique, peut-on suggérer aussi. Mais, dit Bruno Chenu, l'utopie n'est-elle pas « un coup d'espérance, un regain de prospective, le goût de tenter quelque chose... » ?

Je dois aussi ajouter : authentique. Cela, je peux l'affirmer. Je respecterai, bien sûr, l'anonymat des noms, des lieux, des dates. S'il arrive à l'une ou l'autre de se reconnaître, j'espère qu'elle sentira et retiendra l'estime, l'admiration que je lui ai portées et aussi la reconnaissance que je n'ai pu lui exprimer.

Un parcours

Je parle en tant que personne dans un contexte d'expérience et d'apprentissage personnels.

Carl R. Rogers [1].

Il était fréquent et beaucoup plus facile à ma génération d'avoir, jeune, un projet professionnel et de s'y tenir. Bien avant d'atteindre la « terminale » de l'époque, j'avais décidé d'être infirmière.

Comme toute fille au détour de l'adolescence, j'étais sans doute taraudée par des problèmes de sexualité à peine entrevus : on ne leur donnait pas alors l'importance qu'ils ont ou qu'on leur attribue actuellement. Du moins avais-je repéré un désir d'enfant bien ancré, qui se satisfaisait d'abord à l'idée de materner les enfants des autres. C'est sans doute ce qui me faisait attendre avec impatience le stage en maternité qui faisait partie de la formation, au cours des études d'infirmière, entreprises avec enthousiasme.

Après un éprouvant passage en chirurgie, puis en médecine dans des services exclusivement masculins, j'entrevoyais comme un havre de satisfaction le travail auprès des nouveau-nés et de leurs mères...

Cette perspective m'avait aidée à supporter l'épreuve obligée, sorte de test qu'avaient été pour moi les six premiers mois de stage. Je m'étais sentie parfois prête à remettre en cause une vocation que je croyais pourtant sans faille.

Les premiers jours en maternité furent aussi satisfaisants que je l'avais imaginé. Partager avec les jeunes accouchées

1. *Le Développement de la personne,* Dunod, 1968.

leur joie toute nouvelle, emmailloter, toiletter, peser, porter au sein ou rassasier au biberon les petites bouches avides, m'apportait autant de bonheur que j'attendais de ces contacts avec ces tout-petits.

Les suites de couches psycho-pathologiques étaient rares à l'époque. Un cas à peine entrevu de psychose puerpérale, sur lequel personne n'insista, me sembla alors tout à fait inadéquat, et ne m'atteignit pas. On ne parlait pas encore du baby-blues, « fréquent et normal », dit-on maintenant.

La mise au monde d'un enfant posait-elle moins de problèmes aux femmes d'alors ? Seraient-elles maintenant plus fragiles, trop informées peut-être des complications éventuelles, moins confiantes en elles-mêmes parce qu'on les veut trop compétentes ?

Me revient pourtant en mémoire « mon » premier accouchement : « Mesdemoiselles, on vous attend en salle de travail ! » Sans autre préambule, la cheftaine du service — une religieuse — nous envoyait assister sans précaution ni information à ce qui, sans doute, avait pour but d'ébranler nos assurances, ou de consolider nos défenses.

Le jeune interne, dont ce semblait être aussi le premier accouchement, que la cheftaine lui avait sans doute également sciemment réservé, eut besoin de quelques claques bien assenées pour reprendre ses esprits : il venait d'extraire un fœtus « macéré, hérédosyphilitique ». Cette petite masse nauséabonde me resta en mémoire longtemps.

Tous les nouveau-nés après celui-ci me paraîtront superbes, merveilleusement beaux et vivants. Je sais aussi que cette angoisse de mort que je ressentis au moment de cette première naissance, je la reconnaîtrai ensuite, fugace, à chaque accouchement. Je sus aussi avec certitude que je ne pourrais jamais être sage-femme.

Est-ce aussi à ces expériences traumatisantes que je dois de n'avoir jamais approuvé certaines pédagogies fondées sur l'épreuve brutale ? Trancher dans le vif d'une sensibilité que l'on n'a pas évaluée auparavant m'est toujours apparu comme risqué, relevant davantage d'un sadisme plus ou moins conscient que d'une intention réfléchie et constructive.

Il m'est resté ainsi un souvenir très précis de ce premier

accouchement : à aucun moment, je n'ai vu quelqu'un s'approcher de la jeune femme. Savait-elle ? L'avait-on prévenue, elle ? Qui s'inquiétait de sa souffrance ?

Tout le monde quitta la salle en même temps. J'entendis seulement en franchissant la porte quelqu'un dire : « C'est une prostituée... »

Peu de temps après, je fus confrontée au problème de l'abandon. Je connaissais bien sûr des « cas » d'adoption et je ressentais une admiration sans retenue pour ces parents qui faisaient leurs des enfants dont personne n'avait voulu, disait-on. De personne ? De nulle part ? Questions subsidiaires sans doute, voire superflues.

Ce jour-là, je participai à un scénario qui se renouvelle aujourd'hui encore, sans que les metteurs en scène se posent davantage de questions que je ne m'en posais alors. Personne ne devait savoir son nom. Elle était entrée quelques jours plus tôt à la maternité, sans identité, on disait déjà « sous X ». Elle avait accouché sans un mot, sans un cri. Elle avait aussi refusé de voir l'enfant : le comble de l'inacceptable. Je m'en sentais convaincue.

Depuis, elle occupait un petit box isolé, à l'entrée de la grande salle bruissante des cris des nouveau-nés et des éclats de voix des jeunes accouchées séparées par leurs bébés : un lit, un berceau, un lit, un berceau... C'était l'hôpital.

Toutes les trois heures, rigoureusement, se renouvelait le rite : change, pesée, tétée. Chacun à tour de rôle retrouvait sa mère aux seins lourds et douloureux, impatiente de ce corps à corps avec son nouveau-né. On nourrissait alors avec fierté et les biberons n'étaient là que pour compléter une montée de lait un peu capricieuse. Le silence se faisait peu à peu dans la grande salle. Puis le va-et-vient recommençait bientôt : « A-t-il assez pris ? Faut-il compléter ? Quel glouton, madame, il va encore vomir... »

C'était l'ambiance de la maternité, où le repos de la mère se prolongeait dix jours. Et immanquablement, nous passions devant le petit box, dont la porte n'était jamais fermée.

La cheftaine du service, « sage femme » s'il en fut, à la compétence et à l'autorité indiscutables, veillait sans faillir à la bonne marche de tout l'étage. L'œil à tout, rassurante parce qu'on la savait experte dans son art et que son pouvoir absolu ne pouvait être que la preuve de son grand savoir. Qui d'ailleurs aurait songé à contester cette maîtresse femme dont la compétence était faite d'une longue expérience, d'un solide bon sens, et dont l'acceptation du devoir à accomplir semblait n'avoir jamais été que sa seule soumission ?

Elle s'adressa à la jeune stagiaire que j'étais :

« Avant de lui donner son biberon, emmenez le dix-sept dans le box. Vous mettrez le berceau à côté du lit de sa mère. Vous n'avez rien à dire, rien à répondre. Vous le ramènerez dans un quart d'heure. »

Elle vaquait déjà à une autre tâche quand elle revint sur ses pas : « Si elle le voit, elle reviendra sur sa décision. Elle veut l'abandonner ! » Elle eut en même temps un mouvement d'épaule qui semblait dire que c'était chose insensée. Un tel projet — en était-ce un alors ? — me révoltait. Il bouleversait tout ce que j'éprouvais moi-même devant ce bébé déjà si attachant.

Mon propre désir d'enfant ne pouvait que mettre une distance entre cette « mère dénaturée » et moi-même. Il me fallut bien longtemps pour savoir, puis admettre, que d'autres fantasmes — ma propre angoisse d'abandon — ne laissaient pas la place à la moindre compréhension.

Je contemplai ce bébé. Il était beau, calme, encore étranger au drame qui se déroulait. En entrant dans le petit box, je souhaitai ardemment que la jeune femme surprise se retourne. Je sais que j'aurais été alors pleinement heureuse, si, comme dans un roman de Zola, elle s'était dressée sur son lit, tendant les bras vers l'enfant, enfin reconnu. N'était-ce pas le plus vraisemblable ?

Enfouie sous ses draps, face au mur, elle cachait son visage ; je ne sus pas son âge, et j'ignorerai à jamais ce qu'elle éprouva en entendant se rapprocher les cris du bébé, maintenant impatient. Sans scrupules, je plaçai le petit lit tout près du sien et je me souviens encore aujourd'hui que je ne pus le glisser entre elle et le mur, sinon, je le sais, je n'aurais pas hésité à mettre le bébé à portée de sa main.

Je ressens encore aujourd'hui ma déception d'alors. Toujours recroquevillée sous ses couvertures, elle n'avait pas bougé. J'avais une impression d'échec. J'en parlai à mes collègues et, unanimement, nous avons exprimé combien nous étions scandalisées par ce que nous appelions le criminel désintérêt d'une mère dont le comportement ne pouvait qu'être blâmable.

Je revois le mouvement d'épaules de la mère supérieure. Aujourd'hui, j'aime à penser qu'il pouvait exprimer comme un doute, une sorte d'incertitude... J'ai encore le souvenir d'un sentiment vaguement coupable. Quelque chose qui ressemble à ce que l'on ressent après une mauvaise action... Cela, sans doute, je me plais aujourd'hui à l'imaginer.

De longues années passèrent.

Occupée ailleurs et autrement, j'oubliai presque cette tranche de vie. Apparemment, je ne pensai plus à l'abandon. Mais toujours passionnée par la petite enfance, ce moment de notre vie dont toute la suite dépend, je n'ai cessé de ressentir la magie de la naissance.

Mais l'abandon et l'adoption n'avaient pas déserté mes pensées. Ils me rejoignirent bientôt, en la personne d'une petite fille de quelques mois, délaissée par sa mère chez une nourrice dont ce n'était pas le métier, puis maladroitement adoptée par cette femme au grand cœur.

Devenue sa marraine, je pus constater, au fil des années, les tristes conséquences des erreurs, des silences et, bientôt, des mensonges inévitables. Je déplorais de ne pouvoir apporter mon aide : je ne savais pas.

Quelques occasions me firent découvrir l'aspect négatif de ces adoptions, non dépourvues d'un grand désir de bien faire et d'une incontestable générosité. Il est pénible de constater qu'il ne suffit pas toujours de vouloir aimer...

Plus tard, j'allais revenir à l'abandon par d'autres détours que je ne prévoyais pas.

Dans les années soixante, celles de Pincus et sa pilule, de la contraception et de la « libération de la femme », on commença aussi à aborder les problèmes de couples et la sexualité des jeunes. On fit appel à ceux que l'on pensait, de par leur formation ou leur profession, aptes à remplir un rôle d'information que l'on n'hésitait pas alors à appeler déjà « éducation sexuelle ».

De lycées en maisons de jeunes, de cercles, de foyers en associations diverses, de centres sociaux en groupes de réflexion, nous abordâmes le sujet de la sexualité sous tous les angles, avec des jeunes, des parents, des couples...

C'est par le versant de l'adoption que le problème de l'abandon me rejoignit alors, presque à mon insu. Des responsables de l'Association des familles adoptives (devenue plus tard Enfance et Famille d'Adoption[1]) exprimèrent ainsi leur requête : « Venez nous parler des difficultés conjugales. Ce n'est pas parce que nous ne sommes pas concernés par la contraception que nous n'avons pas de problèmes de relation comme tous les couples. »

Il est vrai que l'on était alors très enclin à penser qu'une mauvaise « régulation des naissances » était à l'origine des mésententes conjugales, et que la contraception mise en place allait résoudre en grande partie les problèmes des couples.

On reconnut plus tard, quand on osa en parler, que la stérilité peut être aussi une redoutable épreuve, qu'elle soit fortuite, mise en place sciemment, temporaire ou définitive.

A la demande de plus en plus insistante des adoptants, nous répétions : « Mais nous ne connaissons rien au problème de l'adoption ! » Je crois me souvenir que nous n'avions pas osé dire « à la stérilité ». « Alors, vous allez apprendre, si c'est ça qui vous gêne ! »

Mme D. était énergique et tenait à son projet. Je la vis bientôt revenir, chargée de livres que, bien sûr, je lus consciencieusement. Je lui en suis toujours reconnaissante.

J'ai ainsi appris beaucoup sur l'adoption et j'ai connu, grâce à elle et ses amis, des parents adoptifs qui étaient des éducateurs exceptionnels.

---

1. Fédération nationale des foyers adoptifs, « Enfance et Famille d'Adoption », 3, rue Gérando, 75009 Paris.

Comment aurais-je pu aborder l'abandon, comme j'ai été amenée à le faire plus tard, si je n'avais su faire le lien avec l'adoption ? Comment aurais-je pu entendre ce que les jeunes mères, acculées à l'abandon, m'exprimèrent tant de fois avec angoisse : « Oui, mais... après ? »

C'est aux États-Unis, vers 1930, que s'établirent les premiers services ou institutions de Counseling Practice. La « relation d'aide psychologique », ou la « psychothérapie centrée sur le client ou le consultant », appelées « non directives », furent mises en pratique.

C'est à Carl Rogers que nous devons ces termes qui définissent si bien le *counseling*. Mais l'expression française « conseil conjugal » laisse planer une fâcheuse ambiguïté de traduction. Lorsque je l'ai pratiquée, j'ai toujours précisé avant toute consultation qu'il s'agira de « tenir conseil » ensemble et non de donner et d'« écouter » des conseils.

C'est ce que précise le Dr J.G. Lemaire[1], pionnier du conseil conjugal en France. Il rappelle aussi le terme latin *consilium* d'où vient le mot français. Ainsi, le consultant tient conseil avec le « conseillé », cherche avec lui à élucider ses problèmes, à comprendre ses difficultés et essaie de découvrir avec lui des solutions possibles à sa situation.

Je fus tentée par cette longue et difficile formation. Je me souviens de dix jours consécutifs en séminaire, passionnants et éprouvants, qui n'étaient qu'un commencement et l'occasion pour moi de confirmer mes aspirations ; tant il est vrai que, dans ce métier, on ne peut jamais se contenter d'un acquis. J'ajoutai ainsi « l'entretien de face à face dans la relation d'aide[2] » à mes activités.

On parlait beaucoup d'éducation sexuelle, conséquence de la loi Neuwirth de 1967. Et nous travaillions beaucoup.

C'est en 1972 précisément qu'eut lieu cette réunion qui

1. *Les Conflits conjugaux*, Éditions Sociales françaises, 1966.

2. Roger Mucchielli : séminaire de formation permanente en sciences humaines, « L'entretien de face à face dans la relation d'aide », Éditions Sociales françaises, 1968.

allait pour moi être déterminante. On me demanda « simplement » de venir passer deux heures avec un groupe de jeunes femmes « réunies pour réfléchir sur l'éducation sexuelle à donner à leurs enfants »... Pourquoi aurais-je hésité ? C'était une demande tout à fait habituelle. Mais je ne connaissais pas l'ANEF (Association Nationale d'Entraide Féminine). Je me souviens encore de ma surprise. Je me trouvai devant une quinzaine de jeunes femmes, toutes enceintes...

Quelques éducatrices regroupaient dans ce foyer des jeunes femmes, seules, démunies, confrontées à tous les problèmes de la grossesse. « Mères-célibataires », disait-on alors.

Très vite, j'entrevis la difficulté majeure qui m'attendait : on ne parle pas d'éducation sexuelle sans évoquer le rôle du père... Je réussis à faire l'impasse à la première réunion. Elles dirent les unes et les autres leurs difficultés et justifièrent ainsi leur demande : « Les jeunes actuellement ont bien de la chance. Si nous avions connu la contraception, nous n'en serions pas là. Nous, on ne nous a rien appris de la sexualité... »

L'une d'elles raconta simplement :

« J'étais très curieuse quand j'étais enfant. À dix ou douze ans, je posais des tas de questions à ma belle-mère sur la grossesse, la naissance. Elle avait toujours la même réponse : "Tu as une seule chose à savoir et à te rappeler : si un jour tu te ramènes avec un gosse à la maison, on te fout dehors." À quinze ans, j'étais enceinte, alors, je suis là. Je ne dis pas que c'est sa faute à elle, mais quand même... »

Puis, l'une après l'autre parlèrent de leur grossesse :

« Moi, j'en suis à sept mois. »

« Et moi, seulement à quatre », ajouta une autre, pour laquelle cela semblait bien peu par rapport au temps qu'il lui fallait encore passer à voir lentement défiler les mois. « Et puis, après... ? »

Une autre allait bientôt accoucher. Une petite fille de deux ans était blottie contre elle. Je leur proposai de leur montrer des diapositives pour que chacune « voie » son bébé tel qu'il « est » déjà. Elles trouvèrent l'idée plaisante, puis, très logiquement, elles souhaitèrent que nous abordions l'accouchement.

J'avais constitué toute une batterie de diapositives qu'elles apprécièrent beaucoup. Mon intention était de mettre à leur portée des notions d'anatomie, de physiologie qui, je le sus plus tard, allaient dépasser largement ce que j'en attendais.

Dans le même temps, je poursuivais ma réflexion. Même si elles semblaient avoir oublié leur première demande, celle qui avait justifié ma présence ici, je ne doutais pas qu'un jour ou l'autre, il me faudrait y répondre.

Et j'appréhendais le moment où nous aborderions la place du père de chacun de ces petits à naître. C'était aussi introduire dans nos rencontres, qui se déroulaient de façon si satisfaisantes, l'*homme* qui, pour chacune d'elles, avait tenu une place dont elles comblaient la vacance, pour ne pas dire le vide tragique, par un silence hostile.

Une collègue m'avait mise en garde :

— Quand vous parlerez de lui — si vous en parlez — vous allez déclencher une agressivité que moi, je n'aimerais pas subir...

Alors, pour éclaircir mes propres idées, je fis part de mes craintes au psychanalyste.

Sa réponse — qui en douterait ? — fut brève :

— Il faudra bien qu'un jour elles acceptent d'en parler et de regarder cette réalité en face ; alors, pourquoi pas avec vous ?

Je n'avais pas l'intention de reculer : nos rencontres étaient intéressantes ; les jeunes femmes me disaient les attendre chaque semaine avec impatience.

J'avais cru entendre, dans la réponse du psychanalyste, quelque chose comme : « En auriez-vous peur ? » ou : « Ne vous en sentiriez-vous pas capable ? »

Je savais que le moment viendrait et ne souhaitais rien précipiter.

Très vite leur demande s'orienta autrement. Elles souhaitaient que l'on oublie un temps le bébé pour parler d'elles-mêmes : « Comment on est faites, comment on fonctionne ?... »

Et je sus alors que le moment était venu de laisser l'homme faire intrusion dans nos réunions.

Je disposais d'une diapositive où, par un montage que je trouvais habile, un homme, une femme, deux statues, se faisaient face, tout en semblant un peu s'ignorer.

Lui était un superbe Apollon aux muscles saillants, les épaules larges, le bassin étroit et les organes génitaux apparents, son bras gauche paume ouverte en direction d'une jeune femme.

Sans être gênée par un certain anachronisme, j'avais opté pour cette frêle jeune fille portant une lourde cruche dans un geste plein de grâce. C'est non sans émotion que je l'ai rencontrée récemment, toute de beau bronze fondue, au musée d'Orsay !

J'ai toujours conservé cette diapositive dans les réunions poursuivies tant d'années. Ce geste anodin d'Apollon me permettait dès le départ de plaisanter, avec une pointe de féminisme à ma mesure, mais qui leur suffisait, en faisant remarquer qu'*il* serait sans doute plus efficace s'*il* l'aidait à porter sa cruche... Cela les amusait toujours, et c'est plus détendues que nous pouvions comparer les anatomies.

Par *elle,* j'avais tenu encore à accentuer le contraste : les épaules étroites et le bassin large. Et, pour *elles,* je pouvais alors introduire l'idée de maternité inscrite dans le corps de la femme comme une possibilité qui lui est offerte par la nature et donc un choix qu'elle est libre de faire à chacun de ses cycles.

Je crois encore m'entendre parler !

Puis elles voulurent bientôt que nous abordions la contraception. Elles ne souhaitaient pas que nos réunions s'interrompent et elles avaient toujours des questions en réserve « pour la prochaine fois ».

Un jour, un grand car était à la porte : la Maison maternelle avait envoyé ses pensionnaires. Une autre souhaitait faire de même... Cela devenait cocasse, toutes ces jeunes femmes enceintes qui débarquaient à l'ANEF. On ne pouvait pas pousser les murs ! Je proposai de me rendre dans chacun de leurs foyers.

Ainsi, je devins conseillère conjugale en centres et foyers maternels. Je ne savais pas alors que ce serait pour près de seize ans...

Évelyne et le canevas achevé

Moins elle a pu imaginer cet enfant par avance, plus elle a de mal dans la grossesse à intégrer le fœtus dans l'image de son corps vécu, plus au demeurant est fragile, raide et cassant le sens qu'elle a de son intégrité psychique.

Paul-Claude RACAMIER [1].

Évelyne drape autour d'elle son grand châle : « C'est ma maman qui me l'a tricoté », me déclare-t-elle fièrement. Sa maman a dû l'imaginer plus grande qu'elle n'est — ou peut-être l'a-t-elle supposée grandie durant ces dernières semaines, car le châle qu'elle lui a envoyé lui bat les talons. Il est vrai que, par-devant, il faut bien toute cette ampleur pour recouvrir un ventre à terme.

La conversation ainsi engagée, elle m'explique calmement, sans autre préambule, ce qu'elle a décidé pour l'avenir de son enfant :

« Depuis longtemps déjà, j'ai pensé qu'il fallait qu'il soit adopté. »

En revanche, à propos d'elle-même, elle ne semble pas bien comprendre encore ce qui s'est passé. C'est peut-être pour cela qu'elle commence à évoquer l'histoire de sa mère, comme si elle apercevait, par quelque intuition, le sillon tracé pour son histoire à elle.

« Ma mère aussi a été enceinte à seize ans. Moi, je ne les ai pas tout à fait. Dans le village, c'était la honte : mais elle a dit : je le garderai. Elle s'est battue toute seule, elle a travaillé à l'usine jusqu'au bout. Personne n'a jamais su qui était le père. Mon grand frère est né. Il avait douze ans quand elle s'est mariée. Finalement, les gens disaient

1. In Michel Soulé et coll., *Mère mortifère, mère meurtrière, mère mortifiée*, éd. ESF, Paris, 1978.

qu'elle était drôlement courageuse. Et puis ma sœur est née. Elle a dix-huit ans maintenant. Et puis moi...

« L'an dernier, ma sœur a été enceinte : alors, elle s'est fait avorter.

« Pourtant, ça n'aurait pas dû nous arriver : ma mère nous avait tellement prévenues toutes les deux. Elle n'aimait pas nous voir sortir. Chaque fois, elle nous disait : "Surtout ne faites pas comme moi, c'est trop dur. Si vous saviez comme c'est dur d'avoir un enfant toute seule..." Et puis... »

Ici Évelyne s'arrête. Dans le long silence qui s'installe, je ne perçois aucune gêne, aucune honte : c'est plutôt un vide qu'elle ne sait pas combler, comme si ses paroles n'avançaient plus. Elle joue avec les franges du grand châle, elle forme avec ses lèvres quelques mots sans leur donner son, puis elle reprend :

« Je n'ai pas voulu faire comme ma sœur, moi je n'accepte pas ça. Ma mère non plus n'était pas trop d'accord... Mais je ne veux pas *le* garder après sa naissance. Je veux qu'il soit adopté. Qu'il ait une vraie famille. »

Un long silence s'étire encore. Puis, de la même voix unie, Évelyne change de sujet :

« Mon gars, ma mère n'aurait jamais dû l'accueillir comme ça à la maison. Il était déserteur, il ne pouvait pas retourner dans son pays. Elle disait qu'il lui faisait pitié parce qu'il avait l'air gentil, mais je ne comprends pas qu'elle lui ait fait confiance... Et maintenant, elle dit que je suis trop jeune, qu'il n'est pas sérieux, qu'il n'est pas un mari pour moi. »

De ce « gars », de ce qu'il a pu représenter pour elle, Évelyne semble ne rien avoir à dire. Elle n'accuse personne, elle ne cherche pas à se disculper elle-même.

« Ma mère nous avait tellement dit que ça ne devait pas nous arriver... »

Évelyne ramène sur elle les plis du grand châle, d'un geste inattendu de petite vieille frileuse. Elle se blottit dans ce « nous » qui les réunit et les confond presque, elle, sa sœur, sa mère, dans leurs histoires trop semblables.

De sa sœur, pourtant, elle s'est bien démarquée en jugeant sévèrement sa décision de l'année précédente :

« Elle n'aurait pas dû se faire avorter. Ma mère le disait

aussi, mais elle, elle n'en fait jamais qu'à sa tête... Mon bébé à moi, il aura une famille. »

Maintenant, elle quitte son grand châle : apaisée, raffermie, puisque sa résolution à elle est finalement approuvée par sa mère. Elle s'assied, reprend un canevas et s'y absorbe un moment. Elle a commencé cet ouvrage à son entrée à la maison maternelle où elle est venue attendre la naissance, juste à temps pour qu'au village on ne se doute de rien.

« Pour ma sœur non plus, on n'a rien su. »

Tout en piquant l'aiguille, elle continue son discours : elle redit les mêmes choses, en ajoutant quelques détails, mêlant toujours sa mère, sa sœur et elle. Ses paroles et sa broderie trament le temps qu'elle s'est accordé avec l'enfant à naître — « mon bébé », dit-elle parfois, et elle pose alors ses deux mains sur son ventre. Dans un geste de protection plus que de possession.

C'est seulement notre second entretien. L'accouchement est proche et je crains que le temps nous manque. Il me faut pourtant bien ramener Évelyne à la réalité, au présent et au proche avenir. La préparer à vivre ce double détachement : l'accouchement d'abord, dont elle parle comme d'un épisode incertain qu'elle a du mal à imaginer : puis la séparation. Elle dit bien l'avoir décidée, mais le moment venu, si elle allait la vivre comme une obligation ? En fait, je me demande si cette décision est vraiment et totalement la sienne. Je redoute que les suites de cet abandon soient un jour dramatiques. Et si son désir était celui de l'éducatrice, rejoignant celui de sa mère ? S'il était une manière de se démarquer de sa sœur aînée ?

« Évelyne, dans un an, comment penserez-vous à votre enfant, où le voyez-vous ? »

Elle ferme les yeux comme une petite fille à qui l'on dit : « Devine ? »

« Dans un an, ce sera son anniversaire, il aura un gâteau avec une grosse bougie, et ses parents autour de lui, et il sourira... »

« Son imaginaire fonctionne bien », dirait le psychologue. En langage de psychanalyste, l'imaginaire, c'est l'ensemble des productions de notre imagination grâce auquel il est possible d'exploiter toute crise et lui permettre de déboucher sur des réajustements fonctionnels. Cette définition complexe devient si claire quand on écoute Évelyne.

Quelque chose dans sa réponse me rassure et me satisfait. Mais je reste en attente d'autre chose. Comment lui suggérer d'en dire davantage ? Et quoi d'ailleurs ? Je ne me décide pas à terminer cet entretien. Aujourd'hui vraiment, je me sens encline à tous les doutes. Puis je comprends tout à coup ce qui manque à ce projet si bien présenté : Évelyne n'a pas parlé d'elle.

Un long silence à nouveau entre nous, mais qui ne nous sépare pas — un temps de réflexion, pour chacune, qu'elle va rompre la première. Elle penche joliment la tête avec un sourire qui m'apparaît encore presque enfantin. Cette fois, je la vois, Évelyne, seize ans pas tout à fait :

« Et puis, madame, il faut bien le dire aussi : j'ai encore envie de m'amuser, moi... et j'ai encore besoin de ma maman. »

Cette fois l'essentiel est enfin dit. Évelyne l'a exprimé bien fort, bien clair : elle se sent encore adolescente, presque enfant, elle sait bien que ce temps-là lui a échappé et elle tient à le rattraper. Bien sûr le reste est important — tout le reste, les conseils maternels, le « gars », la naissance, l'adoption — mais elle ne doit pas se faire dérober son temps à elle, qui n'est pas révolu : elle veut régresser, redevenir dépendante de sa maman — cette fois, elle n'a pas dit : ma mère.

Je la sens maintenant capable d'accéder à ce qui lui semblait impensable. Préciser ce qui demeurait flou. Élucider ce qui la laissait perplexe et angoissée sans qu'elle puisse clairement l'exprimer. Enfin imaginer un « plus tard ».

Alors, elle reprend le grand châle que lui a tricoté sa maman, et d'un grand geste des deux bras, elle en replie les deux pans sur son ventre, comme de vastes ailes couveuses.

J'ai revu Évelyne quelques jours plus tard. Elle m'avait appelée de la maternité, après son accouchement. Assise dans son lit, elle poursuivait avec application son canevas bientôt achevé. Elle m'a paru paisible, comme après une tâche accomplie, qui a été importante.

« C'est un beau bébé, m'a-t-elle dit sans autre préambule. Je n'ai pas voulu le voir, ni savoir si c'était un garçon ou une fille, je préférais... Mais j'ai demandé son poids : 3,830 kilos... C'est un beau bébé, n'est-ce pas ?

« Bien sûr, l'accouchement a été très long. J'ai été déchirée et on m'a fait huit points. Mais la sage-femme était très gentille, très douce. Elle a bien compris tout ce que je lui ai expliqué et ce que je lui demandais. L'accouchement, c'était bien...

« Mais ici, elles sont pénibles. Tout à l'heure, on a changé mes draps et l'une d'elles a dit : "Ces gamines de la maison des mères, ça ne sait que saigner..." Et une autre : "Au lieu de faire ça, vous feriez mieux de tricoter pour votre enfant." Elles ne supportent pas mon canevas... »

Et tout à coup, d'une voix plus basse, traversée d'inquiétude :

« Dites, madame, je voudrais que vous alliez voir si c'est vrai ce qu'elles m'ont dit tout à l'heure : "Vous feriez mieux de vous occuper de votre enfant, il est malade, là, à côté..." »

Le bébé se portait très bien et il était superbe. Je suis revenue le lui dire et, après avoir seulement haussé les épaules, elle a retrouvé son air calme et détendu.

Un peu plus tard, elle a pris sur sa table de chevet une carte postale :

« La monitrice m'a apporté mon courrier ce matin. Il y avait une carte de mon gars. C'est la première fois qu'il écrit depuis que j'ai quitté le village. Lui, il est en vacances en Espagne, il me dit que c'est formidable... Il sait bien à quelle date je devais accoucher. Il n'en dit pas un mot. Il ne parle que de lui... Je ne veux plus le revoir maintenant. Il n'est pas un mari pour moi, ma mère me l'a bien dit. »

Les paroles de sa mère lui sont encore nécessaires... Je regarde Évelyne se remettre à son canevas, petit bouclier qu'elle ne laissera qu'achevé, lui aussi, quand, bientôt, elle rentrera au village.

Annette, toujours en partance

Au nom de quoi puis-je apporter une affection qui ne m'a pas été accordée ? Comment puis-je devenir mère sans avoir été moi-même acceptée par une mère ? Comment puis-je ne pas rejouer sur mon enfant le phénomène de brisure qui a caractérisé toute ébauche d'investissement depuis les premières années de mon existence ?

Michel LEMAY[1].

Elle est courte, l'histoire d'Annette ; mais entre elle et moi, il n'y a pas eu de mot « fin ». Et faut-il qu'il y en ait une ?

Au Centre Maternel, elle était de celles dont on dit : « Elle a fait tous les foyers avant de nous arriver. » À vrai dire, bien des dossiers doivent retracer un parcours semblable au sien, tant sont nombreux les cas qui, au départ — mais où faudrait-il situer ce départ ? —, ressemblent au sien.

Quand elle déclinait son nom, Annette ajoutait aussitôt : « Je suis pupille. » D'autres disent : « Je suis DASS. » Il semble que ce soit partie intégrante de leur identité, et qu'en même temps cela les dispense de donner d'autres informations, qu'elles préfèrent ne pas avoir à fournir.

Dans le dernier foyer qui l'avait accueillie — mieux vaut dire « hébergée » — on s'était écrié en constatant sa grossesse avancée : « Décidément, elle *nous* les fera toutes ! », avant de l'expédier promptement ailleurs, avec ce commentaire : « Elle est prête à tout, sauf à être mère. »

En avait-elle exprimé le désir ? Le lui avait-on suggéré ? Avait-on décidé pour elle ? Toujours est-il que le dossier qui la suivait partout, attaché à elle comme une seconde peau, portait la mention « projet d'abandon ». C'était comme s'il ne pouvait être question de revenir là-dessus. Ce qui, d'ail-

1. *J'ai mal à ma mère,* Fleurus, Pédagogie psycho-sociale, 1979.

leurs, ne paraissait pas l'affecter, pas plus que l'histoire qu'elle résumait avec simplicité :

« Mon patron me menaçait de me mettre à la porte si je ne couchais pas avec lui : voilà. »

Et à la voir vivre, on était presque tenté d'ajouter : « Il n'y a pas de quoi en faire un drame... »

C'était une jolie fille de vingt-deux ou vingt-trois ans, aux yeux noirs, vifs, intelligents. Toujours de bonne humeur, serviable, « bonne copine ». Je l'avais remarquée aux réunions de groupe. Elle n'en manquait pas une... Elle ne posait pas de questions, ne faisait aucun commentaire, mais elle écoutait. Elle écoutait avec la plus grande attention.

Un jour pourtant, à la fin de la réunion, elle me rejoignit, m'annonça qu'elle arrivait au terme de sa grossesse, et me demanda si j'accepterais de lui rendre visite à la maternité.

Dans cet hôpital, on a choisi de transférer rapidement en service de chirurgie-gynécologie les « accouchements sous X », pour leur épargner le voisinage des jeunes mères et de leurs nouveau-nés. C'est un principe bien établi, et à aucun moment on n'envisage de demander leur avis aux intéressées...

Elle avait accouché depuis quelques jours quand je vins la voir. Je lui trouvai une petite mine et les yeux bien cernés. Elle m'entraîna dans le couloir :

« On m'a recousue, alors je me sens mieux debout qu'assise dans mon lit », me dit-elle simplement.

En effet, elle avait accouché durement et de nombreux points de suture avaient été nécessaires. Elle fit effort pour s'asseoir, d'un côté puis de l'autre, sans parvenir tout à fait à contenir de petites grimaces de douleur.

Elle me fit le récit de son accouchement, depuis les premières contractions, le départ de la maison maternelle en taxi — un luxe, un privilège à ne pas oublier — et puis le déroulement de la naissance. De l'enfant, elle se borna à préciser : « Gros comme il était, c'est normal que j'aie eu tant de mal à le faire. » Elle s'en tenait à la simple relation des faits, et je comprenais que ce qui lui importait, ce qui lui suffisait, c'était d'être écoutée. Vraiment écoutée. Elle semblait ne parler que pour cela...

« Elles sont gentilles avec moi dans la salle, me dit-elle

aussi. Mais elles sont curieuses, il faut leur raconter toute une histoire... Elles veulent savoir, les unes après les autres, pourquoi je suis là, de quoi on m'a opérée, pourquoi mon mari ne vient pas me voir... Alors, j'ai tout un roman à leur disposition. »

Elle avait vu mon regard se poser sur son doigt qui portait en guise d'alliance un anneau de rideau, comme le font certaines. « Pour qu'on me laisse tranquille », avait dit Annette. Pour faire ou se faire illusion peut-être.

Elle n'avait pas parlé d'avenir, elle n'avait pas dit un mot de l'abandon prévu. J'ai tenté alors, prudemment, une ouverture :

« Vous avez des projets, Annette, pour vous, pour l'enfant ? »

Une pause. Un long regard échangé. Elle ne détourna pas les yeux et il me sembla que beaucoup de choses passaient. Ne voulait-elle pas, ne pouvait-elle pas en dire plus ? Elle parla encore cependant, mais seulement pour préciser quelques détails de son accouchement. Elle ajouta qu'elle allait partir en maison de repos, avant de regagner le foyer.

Puis, très gentiment, elle me dit au revoir et me remercia d'être venue. Elle paraissait détendue, heureuse de ma visite. Elle s'arrêta quelques instants encore en face de moi, et simplement m'embrassa.

Plus d'une année a passé. Un soir, j'attends le métro. À cette heure tardive, l'attente est longue, le quai plutôt désert. En face, quelqu'un me hèle avec de grands signes.

« Madame, c'est moi ! Attendez, je viens ! »

Elle vient en effet me rejoindre et une longue conversation s'engage. Annette me raconte sa nouvelle vie. Veilleuse de nuit dans un hôpital, elle se rend à son travail. Puis, sur un ton de confidence :

« Madame, je vais peut-être me marier. Je suis si contente... Mais je ne lui ai pas encore dit. Je ne sais pas comment il acceptera, je ne suis pas sûre qu'il comprenne quand je lui dirai... »

« Je crois que vous saurez bien lui expliquer, Annette », ai-je affirmé. Et pourtant, je partageais sa crainte, car je sais bien que ceux qui comprennent ne sont pas si nombreux...

« Si vous voulez, ai-je ajouté, je vous recevrai tous les deux et nous lui expliquerons ensemble... »

Ma suggestion, visiblement, la soulage. Elle semble ne pas vouloir en rester là. Elle semble prête à en dire plus, à tout dire.

« Et alors, Annette, ça va... quand même ? » Ce sont, je crois, mes paroles exactes, celles qui me paraissaient suffisantes. Elle s'en est saisie :

« Eh bien, vous savez, madame, c'est dur quelquefois... J'y pense souvent, on ne peut oublier ça... Mais c'était la seule chose à faire, oui, j'en suis sûre, il n'y avait pas d'autre solution. Et c'est bien comme ça... »

Et dans un grand sourire :

« Au revoir, à bientôt. »

Elle repart en hâte, elle s'envole, elle attrape tout juste la rame de métro.

Plusieurs mois après, je ne l'ai pas reconnue tout de suite quand elle m'a arrêtée.

« C'est moi, Annette. Je suis contente de vous voir. Oui, ça va... »

Elle se hâte encore vers un nouveau travail. Notre dialogue sera court, elle hésite à peine avant d'enchaîner très vite :

« Je pense toujours que c'est bien comme ça... Je n'ai pas changé d'avis, vous savez. Peut-être à bientôt. Je vous téléphonerai... »

Bien sûr, elle n'a pas téléphoné. Mais il y a eu ce désir exprimé de le faire, et cette possibilité d'y avoir recours, cet « au cas où », ce « quelque part, quelqu'un ».

Je sais qu'il est important pour elle de pouvoir penser qu'un lien existe entre elle et son enfant qu'elle n'a pas oublié. Que quelqu'un a partagé avec elle quelque chose de difficile, de lourd, peut-être un peu moins lourd grâce à ce partage. Qu'après plusieurs années, quelqu'un ne l'a pas oubliée non plus, dépositaire d'une part d'elle-même qu'elle ne connaît pas, qu'elle n'a pas pu réaliser, qu'elle pressent peut-être...

Au revoir, Annette.

Joëlle, ou l'enfant entre parenthèses

Si l'enfant est retiré à sa mère entre 18 et 24 mois, quand il est aussi possessivement et passionnément attaché à elle, c'est en fait comme si un monde se trouvait brisé. Son besoin intense d'elle est insatisfait et la frustration et la nostalgie peuvent le rendre fou de chagrin. Il faut un effort d'imagination pour comprendre l'intensité de cette détresse.

J. ROBERTSON [1].

Elle erre dans les couloirs, désœuvrée.

« Rien envie de faire », me dit-elle.

D'ailleurs elle quitte la maison maternelle dans quelques jours. Elle retourne dans sa famille et reprendra l'école puisque la rentrée est proche et qu'elle n'a que quatorze ans.

« Et demain, je commence la pilule », dit-elle encore dans la foulée.

Voilà, elle semble avoir ainsi terminé son tour d'horizon.

Cela me paraît tellement morne que j'essaie une piste :

« Et le petit Luc, comment va-t-il ?

— Il *doit* dormir maintenant. »

Je cherche à saisir une information dans cette phrase laconique dont l'intonation est si neutre.

Ainsi Luc *doit* dormir.

Si c'est une supposition, nous pourrions ensemble aller à la pouponnière nous en assurer. Parler un moment de lui, avec lui, l'admirer et saisir peut-être un peu de fierté dans le regard de Joëlle. Nous intéresser à son petit qui aura bientôt trois semaines.

Si c'est une affirmation, cela veut dire qu'elle vient peut-être justement de le quitter et que tout est paisible à la pouponnière, qu'il n'a besoin de personne et que nous

---

1. Cité par John Bowlby, *Attachement et perte,* III, PUF, 1980.

allons pouvoir parler d'elle, de son retour en famille, de ses projets, de son avenir...

Ce pourrait être aussi une injonction qui me laisse penser qu'elle l'a couché avec ces mots brefs si souvent entendus :

« Allez, maintenant, tu dois dormir... et tu me laisses tranquille... »

Car les pleurs d'un bébé, quand on quatorze ans, on ne les supporte pas longtemps.

Comment mettre un peu de vie, un peu d'envie dans le regard de Joëlle ?

« Il part avec vous, le petit Luc ?

— Oui, mais après, on va "me" le placer. Ma mère travaille toute la journée et moi, j'aurai l'école... L'assistante sociale me l'a dit : on va lui trouver une bonne nourrice et, plus tard, je le reprendrai. Peut-être quand j'aurai dix-huit ans et que je serai majeure. »

Le fait d'être majeure changera-t-il subitement quelque chose à sa vie ?

« Quand vous aurez dix-huit ans, Joëlle, lui, il aura quel âge ? »

Elle semble surprise par ma question. Ses yeux s'arrondissent. Machinalement, elle compte sur ses doigts. Puis me regarde, interloquée :

« Quatre ans ! »

De cela, personne n'a parlé. Elle-même n'y a pas pensé, bien sûr. Elle se voyait sans peine à dix-huit ans, puisqu'on est majeure, n'est-ce pas, et qu'on a le droit et tous les pouvoirs (?), reprendre avec elle un bébé rose et blond, qui ne pleurerait jamais évidemment, dormirait de longues nuits, boirait son biberon en dix minutes, vite fait...

Tout ce dont on rêve à quatorze ans.

« Quatre ans ! Mais il sera grand... »

Elle me regarde encore, incrédule, et, brusquement, je la sens désemparée. Elle est si triste ainsi que pendant un moment, je regrette d'avoir parlé. Je me sens responsable d'avoir brisé ce rêve de petite fille.

Mais ce n'était qu'un beau rêve, Joëlle.

Même si je ressens son désarroi, je ne dois pas me reprocher de l'avoir mise dans la réalité. Est-elle vraiment satisfaite, au fond, de cette mesure de placement prise pour le petit Luc ? Qu'avait-on voulu éviter ainsi ?

Un abandon bien sûr. Mais à quel prix pour ce petit homme mis en attente quelque part ?

Attente de qui ? Attente de quoi ? Attente de vie...

Bien protégée ou interdite de récidive par une pilule dont on lui a vanté l'efficacité, Joëlle reprendra bientôt la vie où elle l'a laissée. Comme elle l'a laissée.

Il lui faudra bien sûr combler le vide causé par l'absence du petit Luc, ce dont elle n'a pas encore conscience : c'est trop tôt et il est encore à proximité pour quelques jours.

Combler aussi un autre vide laissé par ce garçon dont elle ne parle pas, qu'elle a peut-être aimé, comme on aime à quatorze ans et dont elle s'est crue aimée : s'assurer au moins que malgré sa « faute » (car c'est bien toujours ainsi que l'on dit, n'est-ce pas ?) elle est toujours séduisante et tout aussi curieuse que désireuse de se laisser séduire.

Il y aura l'école, mais pour quoi faire, pour quoi devenir ?

— Vous voulez toujours qu'elles deviennent ce qu'elles ne sont pas, m'a-t-on dit encore une fois au centre maternel.

Et je me sens parfois, dans ces cas-là, ébranlée au point d'en oublier Carl Rogers et son *Développement de la personne*, dont je préfère le titre d'origine : *On becoming a person*. Était-ce impossible à traduire, ce participe présent qui évoque une évolution, un devenir, une progression, un inéluctable projet, et aussi une inépuisable espérance ? Mais je sais que je ne l'oublierai pas longtemps. Il est ma référence.

Fallait-il éviter à Joëlle cette prise de conscience, taire la réalité à laquelle personne ne l'avait aidée à accéder ? Oublier moi aussi ce petit bonhomme qu'un accord tacite a mis si aisément entre parenthèses pendant quelques années ?

J'entends encore les paroles de soulagement parfois teintées de triomphalisme :

« Vous savez, Nathalie, ou Claude, ou Solange, est rentrée de la maternité... Et elle le garde ! » Ainsi fut évité le pire qui reste encore l'inacceptable, l'insupportable abandon.

Le petit Luc sera bien chez la nourrice, à n'en pas douter. Qu'il y reste jusqu'à ce que...

Ceci est une autre histoire.

Robert et Thérèse Henckes-Ronsse[1] citent une étude faite en France par ATD-Quart Monde sur la situation des enfants placés par l'Aide sociale. Ces mères, la plupart du temps sans compagnon de vie, arrivent à pouponner leur bébé jusqu'à l'âge d'un an, un an et demi. C'est lorsqu'il commence à devenir plus autonome qu'elles ne savent plus comment faire, le négligent et le rejettent. « Le père étant absent, ces mères n'arrivent pas à placer une distance vis-à-vis de leur enfant et gardent avec lui une relation fusionnelle qui ne dure pas longtemps. En effet, l'enfant, pour grandir, commence à s'opposer à sa mère [...]. Elles n'arrivent pas à maîtriser l'éducation d'un enfant de plus d'un an qui grandit en prenant distance par rapport à sa mère. Et elles le négligent ou le maltraitent. Surviennent alors les plaintes du voisinage et le retrait d'enfant par l'assistance sociale de la DDASS. Le plus curieux est de constater que ces mères dépossédées restent très peu de temps sans nouveau bébé à pouponner... » Ils rappellent à leur tour la thèse de médecine du Dr Marzo-Weyl[2], que Joëlle, Luc et tant d'autres m'ont souvent donné l'occasion d'évoquer.

C'est aussi Béatrice Marbeau-Cleirens[3] qui rapporte les statistiques du ministère de la Santé de 1973 et de 1978, mettant en évidence que la moitié des enfants nés de mères célibataires qui ont séjourné en maison maternelle, au bout de quelques mois ou de quelques années, sont abandonnés de fait et échouent à l'Aide Sociale à l'Enfance.

Je n'aime pas les chiffres, trop souvent ils me semblent cacher les personnes. Mais il faut les rappeler lorsqu'ils sont éloquents et que l'on ne peut les taire.

---

1. *L'Adoption en question(s)*, éd. CIACO, Louvain, 1991.
2. *Problèmes médico-psychologiques et sociaux de la mère délaissée. La prévention de l'abandon différé et tardif*, thèse de médecine, Paris, 1960.
3. *Op. cit.*

Caroline Eliacheff[1] nous rapporte ceux du Conseil économique et social du 26 septembre 1990 :

115 000 enfants relèvent actuellement des services de l'ASE à qui ils sont confiés par leurs parents (47 000) ou par décision de justice (68 000).

20 %, soit 23 000 sont abandonnés de fait par leur famille naturelle avec qui les relations sont quasi inexistantes.

Ils ne sont que 77 000 à être juridiquement adoptables, et sont loin d'être tous adoptés.

Si longtemps et si souvent sans espoir de famille...

1. *À corps et à cris*, Odile Jacob, 1993.

Frédérika et l'insupportable rappel

Quand une personne a d'elle-même une image cassée et n'aime pas son propre corps, elle ne peut aimer le corps d'un autre.

Jean VANIER[1].

Lorsque nous avions parlé longuement de la grossesse, lorsqu'elles avaient laissé le petit être qu'elles portaient prendre corps en elles, lorsqu'elles avaient vécu leur accouchement en prospective, nous tournions la page.

« Maintenant, nous allons oublier un temps ce bébé qui nous a beaucoup occupées et nous allons parler de vous. »

Il leur fallait, en effet, il leur faudrait bientôt apprendre à vivre en tant que femmes, avec ou sans cet enfant.

« Nous allons faire de l'anatomie, de la physiologie... » L'explication des mots savants suivait. « Nous verrons comment nous sommes faites, et comment nous fonctionnons... »

Elles assimilaient tout, cela se voyait à leur attention. Surtout, elles comprenaient que je les savais capables de comprendre.

La diapo qui apparut ce jour-là sur l'écran était celle où j'avais réuni, pour les besoins de la cause, les deux statues nues.

Lui était le superbe Apollon sculpté, solidement planté et sûr de lui, aux organes génitaux apparents.

Elle, la jeune femme gracieuse et gracile, toute de bronze lisse...

Cette fois encore, nous nous attardions sur leur allure,

1. *Homme et Femme, Il les fit*, Fleurus, 1984.

leur musculature. La différence anatomique ne justifie-t-elle pas la différence des rôles paternel et maternel ?

« Avez-vous remarqué que, si nous voulions les inscrire dans un triangle, pour lui, avec ses épaules larges, ses hanches étroites, la pointe du triangle serait dirigée vers le bas. Pour elle, par contre, c'est l'inverse : ses hanches sont plus larges. Et c'est bien la preuve que, quel que soit son choix de vie, la maternité est inscrite dans son corps. Non comme une contrainte, mais comme une possibilité offerte à la femme de porter un enfant. »

Ainsi, dès sa naissance, la petite fille est déjà porteuse de tout son stock d'ovules. À la puberté, à chacun de ses cycles, un ovule arrivé à maturité sera pondu par l'un ou l'autre ovaire et s'il rencontre une cellule mâle — le sperme en contient des dizaines de millions à chaque éjaculation — la fécondation peut avoir lieu. Et si rien ni personne ne s'interpose, un enfant commence...

J'insistais sur le fait que l'ovule est aussi la plus grosse cellule du corps de la femme, un seul par cycle, alors que le spermatozoïde est la plus petite cellule du corps de l'homme, avec une quantité inimaginable à chaque rapport — un vrai gaspillage ! — et renouvelable...

Je précisais la place des organes génitaux, notamment celle de l'utérus au plus profond du corps de la femme. On comprend alors pourquoi tout ce qui est lié à la sexualité l'est à la fécondité, comme une valeur ajoutée.

Et s'il est important qu'elle le sache, ce n'est pas seulement parce qu'elle risque de se retrouver seule à en vivre les conséquences — une grossesse non désirée ; mais parce qu'elle comprend mieux ainsi ses réticences, ses craintes, ses peurs, ses refus.

« C'est vrai, on finit par l'oublier... », disaient-elles parfois, surprises d'apprendre ce qui se passait en elles.

Si l'on ne dit rien aux filles, comment assumeraient-elles la responsabilité — voire la discipline — d'une contraception ? Et si on ne lui en dit mot, comment le saurait-il, lui ?

Je ne manquais jamais d'évoquer avec elles le choix, le libre arbitre, donc la liberté dans ce qu'elle peut avoir d'exaltant mais aussi d'exigeant.

Je sais la difficulté qu'ont les hommes à admettre

l'expression de cette liberté parfois si ambiguë : « Elles ne savent pas ce qu'elles veulent. Elles font tout pour être enceintes — ou rien pour ne pas l'être — et elles réclament une IVG. » « Et puis, il leur arrive même de faire un enfant... et de l'abandonner. »

Alors le jugement intervient, sévère et culpabilisant devant des comportements si paradoxaux. Ces phrases couperets masquent parfois l'évidence qui trouble l'homme : il n'aura d'enfant que si la femme veut bien le lui donner, le lui concéder... « L'impuissance de ne pouvoir porter un enfant dans son ventre d'homme », dit Jacques Salomé [1].

Nous plaisantions sur le fait que la jeune femme de la diapositive était chargée d'une lourde cruche alors que lui avait les bras tendus vers elle, paumes ouvertes.

Ce jour-là, Frédérika, choquée par la vue du bel Apollon, s'était brusquement levée et était partie en claquant la porte.

Elle était venue régulièrement à chacune des réunions précédentes. C'était une jeune femme proche de la trentaine, toujours aimable, quoique réservée, voire distante. Lorsque nous avions parlé de l'enfant, envisagé l'accouchement, elle avait volontiers pris part à la réunion, apportant ses précisions personnelles avec justesse et à propos. Déjà mère d'un petit garçon, elle avait évoqué avec simplicité son expérience de l'accouchement.

Elle n'avait pas sollicité d'entretien avec moi, mais je savais que Frédérika était venue d'Allemagne accoucher en France, qu'elle ne garderait pas ce second enfant et qu'elle avait déclaré, dès son entrée au centre maternel, désirer accoucher « sous X ».

Elle était, en fait, envoyée ici par l'Œuvre des Nids [2]. Elle travaillait dans un « Eros Center » et vivait de prostitution. Au foyer, elle connaissait une sorte de répit, un temps privilégié de sa vie de femme. Elle savait que ce temps serait court. Après la naissance, elle devrait retourner en Allemagne et reprendre son métier.

---

1. *Parle-moi, j'ai des choses à te dire*, Éditions de l'Homme, 1982.
2. Association « Les Nids de Paris », 83, avenue de Saint-Mandé, 75012 Paris, tél. : 43.43.25.38.

Frédérika n'avait pas supporté l'intrusion d'un homme nu, même sous forme de statue, dans ces moments heureux et paisibles pour elle.

On s'était quelquefois étonné que j'utilise des statues. Une monitrice m'avait même, le sachant, demandé si cela me gênerait de mettre un homme et une femme « en vrai » sur l'écran au lieu des statues.

J'avais, en faisant ce choix, l'intuition que les sensibilités meurtries n'étaient pas encore prêtes à une vision un peu brutale pour elles. La présentation de l'homme se devait d'être prudente, comme devraient l'être les examens gynécologiques, qu'elles supportent mal en général.

Frédérika m'en donnait la preuve. Et cette vision, apparemment anodine, était déjà excessive. Dans un moment où elle s'était permis de vivre pleinement cette part d'elle-même à laquelle elle aspirait sans avoir pu y atteindre, l'intrusion de l'homme lui était intolérable.

Elle revint cependant aux réunions suivantes et je ne manquai pas d'insister alors sur cette image du corps de la femme que j'avais choisie belle, afin d'amorcer cette réhabilitation qui était à la source de tout le programme que j'abordais avec elles.

Dans les rencontres, même furtives, que j'eus avec Frédérika par la suite, je sus que cette approche des problèmes lui convenait.

Je la rencontrais régulièrement lorsque je repartais le soir. Elle avait demandé à « faire le portail ». C'était un emploi de quelques heures, qui rapportait un peu d'argent à celle qui acceptait ou demandait ce rôle. Il fallait klaxonner pour quitter le foyer et la jeune femme sortait prestement de son local pour ouvrir la lourde porte à deux battants.

Je n'aimais pas cet appel bruyant et exigeant et je ne passais jamais sans quitter ma voiture et échanger quelques mots.

C'était pour moi des moments privilégiés et je me plaisais à penser que ce l'était aussi pour elle. Frédérika aimait les prolonger, c'était évident.

J'y trouvais en tout cas la possibilité d'exercer, à petite dose chaque fois, le principe dont je suis et reste persuadée : le regard que l'on porte sur autrui le transforme.

Isabelle
« Pour pouvoir parler de femme à femme avec ma mère »

Maintenant je suis grand, je veux savoir qu'est-ce qui se passe avec moi. Dis-moi, qu'est-ce qui se passe avec moi. Tu m'as jamais rien dit. [...]

Une tristesse passionnée l'exaltait. Regardant sa mère, il sentait monter à ses lèvres un secret qu'il ne connaissait pas encore et qu'il savait devoir proférer ici, dans le fragile espace où Nicole avait soudain fait le premier pas qui les eût jamais rapprochés.

« Pourquoi t'es pas venue, dit-il soudain, pourquoi t'es pas venue, à Noël ? »

Yann QUEFFÉLEC[1].

La coïncidence me trouble tant que je dois marquer un temps d'arrêt avant de poursuivre mon chemin : je me retrouve dans les lieux mêmes où, des années plus tôt, j'ai été confrontée pour la première fois à l'abandon.

La mère supérieure à la rassurante certitude n'est plus là. Les cloisons ont peut-être été modifiées et je ne suis pas sûre que le petit box d'isolement à gauche existe encore. En tout cas, il n'a plus cette fonction car je dois parcourir la même salle dans toute sa longueur — un lit, un berceau, un lit... — pour arriver jusqu'à Isabelle. Elle occupe le dernier lit près de la fenêtre. Pas de berceau près d'elle.

Entrée à la maison maternelle quelques semaines plus tôt, elle a vécu un séjour sans histoire.

« C'est une fille intelligente et sensible. Elle est toujours aimable, polie, docile. »

« Déterminée aussi », a-t-on dit en réunion.

« Sa grossesse s'est déroulée normalement. Son accouchement est prévu la première semaine de juillet, puis elle repartira chez elle. »

Quand on n'a pas de bébé avec soi, on ne revient pas à

1. *Les Noces barbares*, Gallimard, 1985.

la maison maternelle. Rien n'est d'ailleurs prévu dans ce cas-là. On est censée rentrer chez soi en toute solitude, ou dans sa famille, ou avec un copain...

Qui s'en soucie, à vrai dire ?

Car Isabelle est entrée à la maison maternelle avec un nom d'emprunt, venant de l'autre bout de la France. Elle accouchera « sous X ».

À aucun moment elle n'a remis sa décision en question et on serait presque gêné de contester ce qu'elle affirme. Elle a vingt-quatre ans et l'air si sûre d'elle. Grande, belle, elle semble toujours dire : « Ne vous inquiétez pas pour moi. »

La monitrice du groupe a osé pourtant une remarque : « Elle devrait moins fumer... mais quand je lui en parle, elle me regarde un peu hautaine sans répondre et allume une autre cigarette. »

Elle n'a pas sollicité d'entrevue avec moi pendant son séjour. Je n'ai rien provoqué non plus, c'est la règle : elles savent que je suis toujours disponible lorsqu'elles le désirent. Cependant, elle n'a manqué aucune de nos réunions hebdomadaires.

Je suis tentée de penser, comme toute l'équipe, qu'elle est ici pour attendre patiemment son accouchement, que la maison maternelle est pour elle un lieu de vie en toute sécurité, où son projet, mis au point avant son arrivée, sera réalisé et que cette tranche de son histoire se terminera comme la dernière page que l'on tourne, le livre achevé.

Je suis surprise quand elle me téléphone.

« Madame, pourrais-je vous voir ? J'ai accouché à la maternité de l'hôpital X. »

Isabelle est assise droite dans son lit. La salle est bruyante, il fait très chaud, l'atmosphère est lourde et les nouveau-nés pleurent beaucoup. C'est l'heure des visites, des fleurs, des photos, des cadeaux pour les jeunes accouchées.

La voisine de lit d'Isabelle semble surprise de me voir. Isabelle n'a pas de visites, elle intrigue certainement ses voisines de salle. Qu'a-t-elle invoqué pour expliquer l'absence de berceau à ses côtés ?

Dès que j'arrive près d'elle, elle se lève, passe prestement sa robe de chambre :

« Venez, allons ailleurs, c'est intolérable ici. »

Elle se saisit fébrilement de son paquet de cigarettes et du briquet. Un instant d'hésitation et elle emporte aussi un petit cadre avec une photo. Nous allons sur la terrasse...

Pas de paroles inutiles avec Isabelle. Tout semble si important dans ce qu'elle dit. Sans hésitation, elle parle longtemps. Avec aussi des silences pleins de réflexion et de souvenirs. C'est comme si elle savait, avant que je vienne, ce qu'il est important de dire et pourquoi.

Elle semble seulement attendre de moi que j'écoute. Il y a tant à dire... Alors les phrases se déroulent et je respecte les pauses qu'elle s'accorde.

« J'ai accouché lundi, à la date prévue. C'est mon troisième enfant. Voilà les deux autres. Elle, c'est ma fille Sylvie, vous voyez comme elle est blonde, elle a six ans bientôt. À côté, c'est David, il a deux ans. Bien sûr, ils ne se ressemblent pas. Il est beau, n'est-ce pas ? Son père est noir. Il était étudiant. Nous avions vécu ensemble toute une année, puis il a dû repartir dans son pays. Nous avons eu beaucoup de peine, lui encore plus à cause de son fils. Mais il n'y avait pas autre chose à faire.

« Le père de Sylvie, c'était différent. Je m'étais trompée sur lui. Nous n'avions rien à faire ensemble, finalement. Mais je l'ai assez aimé pour pouvoir dire à ma fille ce qu'elle a besoin d'entendre de son père. On en a parlé à la réunion, vous vous souvenez... Ils sont tous les deux en nourrice à la campagne. Je vais les voir toutes les semaines. Un jour, je pense, je pourrai les prendre avec moi quand ils iront tous les deux à l'école et que je gagnerai davantage.

« Quand j'étais à R., j'étais employée de maison. Les trois enfants étaient gentils. Le travail ne manquait pas, cela ne m'a jamais fait peur. Mes patrons étaient bons avec moi, généreux, mais ils ne s'entendaient pas. Lui en était très malheureux. Il restait longtemps avec moi pour discuter le soir, quand ses enfants étaient couchés...

« Quand je me suis retrouvée enceinte, je ne lui ai rien dit. Mais je suis partie car il ne fallait pas qu'"elle" s'en doute : ils n'avaient pas besoin de cela. Je crois vraiment que lui n'a rien su non plus. Je ne voulais pas qu'il m'aide.

Il ne peut rien pour moi. D'ailleurs il ne me doit rien, j'avais tellement besoin qu'on m'aime aussi...

« Je peux élever deux enfants, pas trois, je sais que ce serait tout à fait impossible. La nourrice a déjà ses propres enfants, elle ne peut pas s'occuper d'un enfant de plus. C'est pour cela que j'ai décidé de l'abandonner. Je sais qu'il aura une famille, il sera heureux, j'en suis sûre... Je ne peux pas penser autrement...

« Mon accouchement a été très long. Pour les deux premiers, ça c'est passé très vite, très bien. Je suis grande et cela ne me pose pas de problème d'accoucher !

« Mais pour celui-ci, toute la nuit pour le mettre au monde ! C'était comme si je ne parvenais pas à m'en séparer...

« En arrivant en salle d'accouchement, j'ai compris tout de suite que la sage-femme savait que j'accouchais “sous X”. Je lui ai bien précisé que je ne voulais pas voir le bébé, ni savoir si c'était un garçon ou une fille. Elle n'a pas supporté. Et toute la nuit ce fut un véritable siège, la guerre entre nous, chaque fois qu'elle venait me voir, elle recommençait :

« — Mais puisque je vous dis qu'on vous aidera. Vous aurez une prime à la naissance, de bonnes allocations. Vous ne pouvez pas faire cela. Un bébé c'est possible même pour une femme seule, vous verrez.

« Elle ne savait pas que c'était le troisième, mais je n'allais pas lui raconter ma vie. Elle a épuisé tous ses arguments :

« — Et son père, vous verrez, il s'attachera aussi à lui quand il le verra. Et vos parents, j'en suis sûre, ils vous pardonneront, ils l'aimeront. Une mère, ça ne résiste pas devant un bébé.

« Je ne répondais rien et je voyais bien qu'elle était de plus en plus déçue, elle se donnait tant de mal...

« Quand le bébé est enfin né, elle me l'a posé sur le ventre. Je lui avais pourtant bien dit... Je me suis cramponnée à la table. Et puis elle a coupé le cordon.

« Elle lui parlait, elle l'admirait.

« — Quel beau garçon !

« Puis elle tournait autour de moi avec lui dans les bras,

je ne pouvais plus le supporter. Je l'ai suppliée de l'emmener vite, à deux reprises. Il pleurait si fort...

« Alors elle m'a dit :

« — Quand vous l'aurez au moins regardé, je l'emmènerai.

« Pour en finir, parce que j'en pouvais plus, j'ai accepté de le voir.

« Il était beau, madame, si vous saviez. Le plus beau de mes trois enfants, je crois. Lui, il me ressemble. C'est le seul de mes enfants qui me ressemble. Alors quand elle l'a emmené enfin, c'est comme si on m'arrachait une partie de moi-même. Puis elle est revenue vers moi encore et m'a dit :

« — Je ne vous plains pas, je vous méprise... »

Voilà. Ainsi s'était terminé l'accouchement d'Isabelle, la naissance de son troisième enfant, sur ces paroles définitives. Elle me regardait bien en face. Elle ne laissait pas transparaître d'émotion. Il n'y avait pas de quête dans son regard. Je n'ajoutai rien. Que dire d'ailleurs ?

Isabelle n'attendait qu'une chose de moi : que je l'écoute. Alors nous nous sommes tues ensemble. Elle mit le petit cadre dans sa poche et alluma une cigarette.

Toutes mes pensées étaient centrées sur elle, sur son récit. Pendant de longues minutes je crois, nous n'avons rien dit.

Elle reprit la parole pour conclure :

« Maintenant, avant de rentrer chez moi, je vais retourner en Bretagne où est ma mère. Il y a si longtemps que je ne l'ai pas vue. Elle ne s'est jamais occupée de nous trois, car j'ai un frère et une sœur. Nous étions placés d'un côté et de l'autre, pas même ensemble. J'ai été très malheureuse de cela. Elle venait nous voir quelquefois, quand quelqu'un pouvait l'amener. C'était chaque fois un homme différent. Quand j'ai été plus grande, j'ai appris à ne pas l'attendre. Cela faisait moins mal. On me disait : “Ta mère viendra dimanche” et je me répétais : “Non, elle ne viendra pas, elle aura un empêchement au dernier moment, elle oubliera ou elle se trompera de train...”

« Ça faisait si mal d'attendre toujours pour rien. Maintenant que j'ai aussi trois enfants comme elle, je peux aller la trouver. Nous allons parler de femme à femme et je lui dirai ce que je pense d'elle. Le mal qu'elle m'a fait. Je sais que maintenant je pourrai lui parler. »

Je compris qu'elle n'avait rien de plus à me dire.

Elle alluma une nouvelle cigarette.

J'ai dit : « Au revoir, Isabelle » en espaçant les mots pour que ce ne soit pas banal. Mais comme une invite.

Elle l'entendit sans doute ainsi car elle prononça à son tour : « Oui, au revoir. »

Je n'ai pas eu de nouvelles d'Isabelle. Son petit garçon a été adopté et, comme elle l'a voulu, il a une famille.

« Être la mère d'un enfant, c'est redevenir l'enfant de sa mère », dit Racamier.

Pour Isabelle, mère d'un enfant impossible, c'était aussi renoncer à jamais à devenir l'enfant d'une mère qu'elle n'avait jamais eue.

Il lui fallait ce troisième enfant pour se situer dans un rapport de femme à femme, d'égale à égale.

Isabelle va-t-elle pouvoir renoncer enfin à ce qui n'a jamais eu lieu entre sa mère et elle ? À ce qui n'existera jamais ?...

Natacha, le coucou et l'enfant venu d'ailleurs

> Tiebia podbrossili... *C'est une des rares fois où je me souviens dans quelle langue Vera m'a parlé, elle parlait parfois français avec moi [...] mais cette fois je le sais, c'est en russe qu'elle me l'a dit... En français, elle aurait dû dire « on t'a abandonnée », ce qui ne serait qu'un mot, exsangue équivalent des mots russes... le verbe russe dont elle s'est servie...*
>
> *Nous marchions côte à côte dans un jardin morne, sur le sable d'une allée qui sinuait entre les pelouses [...] quand elle m'a dit :* Tiebia podbrossili... *Mais alors à quel propos ? Cela, je ne le retrouve pas... Peut-être à propos de rien, comme ça l'a traversée tout à coup... elle n'a pas cherché à le retenir, ou elle n'a pas pu... Les mots russes ont jailli durs et drus...* Podbrossili, *un mot qui littéralement signifie « jeter », mais qui a de plus un préfixe irremplaçable, qui veut dire « sous », « par en dessous », et cet ensemble, son verbe et son préfixe, évoque un fardeau dont subrepticement on s'est débarrassé sur quelqu'un d'autre...*
>
> *— Comme fait le coucou ?*
>
> *— Oui, mais il me semble que dans l'acte du coucou il y a de la précaution, de la prévoyance, tandis que ce mot russe évoque un rejet brutal en même temps que sournois...*
>
> Nathalie SARRAUTE [1].

Natacha a huit ou neuf ans au moment de cette scène. La vérité peut donc jaillir, éclater comme ça, sans intention de blesser, mais au moment où l'enfant s'y attend le moins. Sans qu'on ait pensé à le préparer, sans s'y être préparé soi-même. Sans que rien ait laissé prévoir ce que l'on appelle encore « la révélation ».

Certains repoussent indéfiniment le moment de révéler à l'enfant son « état d'adopté ». Ce temps ne semble jamais propice, et l'âge favorable reste un point très discuté. Aussi difficile à fixer que cet « âge de raison » sur lequel les parents comptent et que l'enfant redoute comme une date fatidique.

---

1. *Enfance*, Gallimard, 1985.

À six mois, rappelle Françoise Dolto, un enfant est assez grand pour entendre ; il comprendra après. Attend-on qu'un enfant parle pour commencer à lui parler ?

Le Dr Bernard This[1] déplore : « On ne parle pas aux enfants : "ils ne peuvent pas comprendre". On ne leur explique pas ce qui va se passer, on ne s'adresse pas à eux. On les baigne dans l'eau, mais il n'y a pas ce bain de parole qui humanise. »

La parole existe bien avant que nous puissions parler ; et cette parole à l'adresse du petit adopté, c'est si important.

— Comme fait le coucou ? demande Natacha.

Y aurait-il plusieurs façons d'abandonner ?

L'essentiel serait-il dans l'intention, la précaution, le projet, la prévoyance ?

Un matin de juillet, je tombai sur un article de presse :

« Sur le parvis de l'église de Gex, un nouveau-né de sexe féminin a été trouvé ce matin de bonne heure par un employé de la ville qui se rendait à son travail. Le bébé est en bonne santé. La gendarmerie enquête pour retrouver la femme qui a abandonné cet enfant. Elle fait l'objet de poursuites. »

Je séjournais justement alors dans la région. (Cela ne m'étonna pas : je ne m'étonne plus des tours que me joue le hasard.) Deux réactions quasi simultanées s'imposèrent à moi : d'abord appeler le curé de l'église de Gex qui, bien sûr, avait été alerté le premier. Il me rassura aussitôt :

« Oui, le bébé se porte bien. C'est une petite fille née à terme. Elle était enveloppée dans une serviette de toilette et on avait joint un petit mot qui disait à peu près ceci : "Que ceux qui la trouvent en prennent soin, moi, je n'en ai pas les moyens..." La mère ? Non, on ne l'a pas retrouvée. Elle ne devait pas être seule, un compagnon peut-être... À la fin du message, il y avait un participe passé accordé au masculin, alors que le reste était bien écrit sans faute... On

1. « Violence et naissance », in *Enfants en souffrance*, Stock-Laurence Pernoud, 1981.

ne les retrouvera pas. Nous sommes près de la frontière, vous savez... »

Ensuite, une tâche me revenait : écrire au journaliste qui avait signé cet article, et lui suggérer de prendre occasion de ce triste fait divers pour faire passer une véritable information. En effet, en pareil cas, je ne manque jamais d'en appeler aux médias ; car ce n'est pas suffisant de publier quelques lignes qui, forcément, vont bouleverser bien des lecteurs émus par les risques qu'aurait pu encourir ce nouveau-né : il faut voir là l'opportunité de faire savoir que l'on peut agir autrement.

Expliquer, à cette occasion, qu'il est possible et légal d'entrer en maternité de son choix, sans dire son nom, sans rien débourser, sans carte d'identité, sans carte de Sécurité sociale ; que l'on peut y accoucher en toute sécurité et s'en remettre à des mains compétentes pour accomplir les soins immédiats, élémentaires (couper le cordon, désinfecter, réchauffer, nourrir, vêtir...) Et puis repartir quand on le voudra, sans rien signer si on le souhaite, sinon d'un prénom inventé...

On ne trouve pas dans la grande presse ces simples informations exposées clairement, utilement. « Mon métier c'est d'informer ! » dira le journaliste qui ne s'en prive pas ; régulièrement on évoque ces nouveau-nés découverts dans une poubelle, un ascenseur, un terrain vague... Et quand il fait froid de surcroît, tout le monde frissonne et s'indigne.

Informer, c'est le rôle du journaliste, mais si par la même occasion il rend service, n'en fait-il pas encore mieux son métier ?

Quand on n'a pas grand pouvoir, on peut toujours utiliser les médias. Maintes fois mes appels téléphoniques ont été repris, diffusés par la presse tant écrite *(Le Journal Rhône-Alpes* du 27 février 1984, *La Croix, L'Événement* du 24 novembre 1989) que parlée (RTL, dans l'émission « Les auditeurs ont la parole »)...

C'est ainsi que pas à pas, parmi des milliers de lecteurs et d'auditeurs, se fera jour une mentalité différente, naîtra un regard neuf, et que l'idée d'abandon pourra être considérée sous un autre éclairage. Du moins peut-on l'espérer.

Le journaliste ce jour-là ne m'a pas répondu. Peut-être

aurait-il réagi si, grâce aux poursuites, la gendarmerie avait retrouvé et inculpé la jeune femme d'« exposition » et de « délaissement ». Citer le code pénal est plus rassurant, n'est-ce pas ?

Au cours du rude hiver 1986-1987, un article du Dr de Luna, dans *Le Quotidien du Médecin* du 16 janvier, attire mon attention : une petite fille, toute nouvellement née, déposée dans un sac en plastique, a été découverte par un clochard dans une rue d'Amiens et sauvée par les soins intensifs du SAMU et du service de néo-natologie de la ville...

Dans *Le Figaro* du 15 janvier, Lucien Miard, relatant de façon détaillée cette histoire qui aurait pu, à si peu de chose près, tourner au drame, concluait ainsi : « L'abandon d'enfant est un phénomène ancestral. Certes, aujourd'hui on ne se débarrasse pas d'un bébé comme du temps de saint Vincent de Paul, mais il y a encore des enfants "de la honte". Et contre la peur du scandale qu'éprouve une mère indigne ou désemparée, la société ne peut pas faire grand-chose lorsque le crime est perpétré dans la plus absolue clandestinité. L'enquête menée par la Sûreté urbaine d'Amiens n'a pas permis de retrouver "la famille" du bébé, qui veut vivre envers et contre tout. »

Il est vrai que lorsque justice est faite, on éprouve généralement une sorte de satisfaction. Comment pourrait-on tolérer, n'est-ce pas, qu'on se débarrasse ainsi d'un enfant ? Cette mère indigne, « forcément » indigne, on l'imagine volontiers saisie de remords et punie comme il convient. Comme elle le mérite. Et que cela serve d'exemple aux autres !

Seulement cette exemplarité, on en connaît le peu d'efficacité... En vérité, je ne vois dans cet appel au moralisme qu'une forme d'inertie et j'en ressens quelque amertume. Parce que celle-ci ne m'abat pas mais plus souvent me stimule, deux lettres atteignirent les auteurs des articles. Elles sont restées sans suite.

Plusieurs années plus tard, j'ai rencontré l'assistante sociale responsable de l'Aide à l'enfance du secteur de Gex qui, bien sûr, se rappelait parfaitement l'épisode.

« La petite fille est superbe, heureuse — adoptée bien entendu — mais la mère... non, on ne l'a pas retrouvée...

— Et le petit mot attaché sur la serviette ? Est-il dans son dossier de la DDASS ? Ce tout petit message, ce lien si ténu par-delà les années, il lui sera précieux peut-être, un jour...

— Le petit message ? Non, je crois qu'il est resté au tribunal, dans le dossier du juge, après l'avis de recherche... »

Souvent, il nous arrive, entre « gens de métier », d'évoquer ce qui pourrait être dit à l'enfant, venant de sa mère de naissance, ce qu'elle souhaiterait qu'il lui soit transmis. Des responsables de l'Aide à l'Enfance, qui ont bien compris cela, remplissent les dossiers des enfants « nés anonymes » de détails concernant la mère. Dès qu'elle se sent comprise et qu'elle est certaine que son anonymat sera respecté, la jeune mère est presque toujours d'accord, elle admet et souhaite qu'on précise son âge, son physique, que l'on signale si elle est étudiante, si elle a quitté sa famille, si son ami l'a laissée, si elle a pu confier sa détresse à quelqu'un... Et, bien sûr, elle désire qu'on dise à l'enfant qu'elle a voulu lui donner une famille et que son prénom, elle l'a choisi exprès pour lui...

Actuellement, les mères demandent elles-mêmes ou acceptent d'écrire ou de dicter un message, simple mot ou longue lettre, à remettre à l'enfant, à l'adolescent, s'il en exprime un jour le désir. C'est son patrimoine à lui, si mince, si lourd, si précieux aussi. Un lien qui subsistera entre elle et lui par-delà le silence et le temps.

L'idée de la lettre semble tellement séduire les mères qu'on oublie parfois de leur rappeler la prudence en matière d'identité et de repères possibles. Le désir de « retrouvailles » engage l'avenir de la mère comme celui de l'enfant. Qu'en sera-t-il de ce désir — ou de ce risque —, de se retrouver vingt ans plus tard ? Si légitime et douloureux au moment où il s'exprime, il demande à être longuement interrogé. Que l'on n'oublie pas non plus que la suggestion d'écrire une lettre ne dispense pas d'un entretien préliminaire afin d'envisager avec les mères les raisons et les conséquences possibles de ce message.

Donc, « le petit mot de recommandation attaché au linge de l'enfant de Gex a dû rester en possession du juge... ». Et le regret qui passait dans la voix de l'assistante sociale rejoignait le mien.

Je me remémorais le regret de Marie-Thérèse, jeune femme abandonnée à la naissance, adoptée, mère à son tour, qui porte si douloureusement son passé et qui m'écrit et m'implore : « Si j'avais au moins un petit bout de mon histoire pour m'aider à vivre... »

Le remords est affaire humaine. Il est sûr aussi qu'on ne naît pas mère : on le devient. Que du moins l'enfant, ou l'adulte qu'il deviendra, puisse trouver un jour dans son dossier — cette mémoire administrative — un signe de tendresse venu de sa mère.

Malika et le don refusé

Des enfants ballottés de crèche en nourrice pendant les deux premières années de leur vie sans aucun objet d'attachement stable, n'ont jamais un développement intellectuel normal et ont toujours des difficultés affectives et de comportement.

Dr Myriam DAVID, Geneviève APPELL[1].

Malika n'a pas d'âge. Si petite, si malingre, avec ce teint trop mat, terreux, qui ne lui vient pas de son origine maghrébine, mais qui dit la privation de soleil, la nourriture pauvre, la fatigue, et ces larges cernes autour des yeux encore assombris par une détresse sans fond. Elle n'a plus de larmes tant elle a pleuré. Pourtant, d'un geste machinal, elle ne cesse d'essuyer, avec son petit mouchoir roulé en boule, ses yeux trop grands et ses joues trop creuses.

Sur ses jambes maigres, les marbrures de coups reçus. Mais le plus pathétique est ce corps chétif déformé par un énorme ventre, une grossesse bientôt à terme. Elle ne peut plus s'asseoir qu'au bord de sa chaise, penchée en arrière et tâchant d'assurer son équilibre en se soutenant de sa main libre.

À la maison maternelle où elle vient d'arriver, on s'inquiète beaucoup pour elle. Elle ne veut pas parler, elle ne mange pas, elle se débat quand le médecin veut l'examiner.

L'assistante sociale qui l'a amenée a raconté son histoire.

Malika a un peu plus de douze ans. Sa mère est morte l'an dernier. C'est donc elle qui élève ses frères et sœurs. Le père est dur, exigeant. Il ne rentre que tard le soir et ne rapporte pas assez d'argent pour faire vivre tout ce petit monde.

Alors une cousine bienveillante, qui, elle, se tire très bien

1. *Loczy ou le maternage insolite,* Éditions du Scarabée, 1973.

d'une situation matérielle difficile, a conseillé à Malika d'utiliser le même expédient qu'elle. Et Malika, sans trop se rendre compte, a commencé à se prostituer de temps en temps, l'essentiel étant de faire survivre les petits. Et de fait, la situation familiale s'en trouva un peu améliorée. Bientôt, Malika fut enceinte. Lorsqu'il s'en aperçut, son père la battit et la jeta dehors.

Aujourd'hui, à la maison maternelle, on a parlé à Malika de la réunion prévue et elle se mêle aux jeunes femmes que je connais déjà depuis quelques semaines. Après avoir entendu son histoire, j'ai du mal à renouer le contact avec le groupe.

Nous avons déjà longuement parlé de la grossesse et de l'accouchement. Pour Malika, je refais un rapide bilan à l'aide de diapositives et j'aborde le thème suivant : « Nous nous sommes émerveillées ensemble sur la naissance du bébé... »

C'est bien un émerveillement, le mot n'est pas trop fort. La force de l'image leur fait oublier leur drame personnel : parce que l'accouchement est aussi « délivrance », c'est à une véritable joie qu'elles s'abandonnent lorsqu'elles voient apparaître l'enfant douloureusement attendu et laborieusement mis au monde.

C'est intentionnellement que je continue :

« Ne croyez pas que j'aie oublié que, pour certaines, cette naissance est aussi la séparation d'avec leur enfant. Elles savent qu'elles n'iront pas plus loin avec lui et que là s'achève ce qui était commencé.

« Elles ne l'ont peut-être pas dit, peut-être pas encore. Elles savent qu'elles ont fait, avec leur enfant, une partie du chemin, qu'elles ne continueront pas, et qu'il leur faudra maintenant un relais.

« Celles-là, bien sûr, ont tout autant le droit de s'émerveiller, parce qu'elles auront donné la vie, et que mettre un enfant au monde est la plus belle chose qui soit.

« Une famille attend aussi cet enfant. Elle est prête à le faire sien, elle l'aime déjà. Cette famille sait que la joie d'avoir enfin un enfant, elle la doit à la mère de naissance, et qu'envers celle-ci la reconnaissance n'aura pas de fin... »

J'anticipe ? Il m'arrive de le craindre. En vérité, je doute que le mouvement de reconnaissance des parents d'adoption envers la mère de naissance soit un sentiment spontané. Cela viendra, je l'espère, car aujourd'hui c'est encore trop souvent l'exception.

« Vous qui les voyez, madame, ces jeunes mères, vous qui connaissez peut-être sa mère à lui... Dites-lui, répétez-lui que nous ne l'oublierons pas, que nous penserons toujours à elle et que nous l'aimerons, elle aussi, en même temps que ce bébé qu'elle nous aura donné... »

Ces paroles authentiques m'ont été dites un jour par un jeune couple qui ne cherchait pas à contenir son émotion. Elles me sont restées précieuses et longtemps j'ai hésité à les transmettre tant je craignais qu'elles soient exceptionnelles. Il faut, j'en suis convaincue, que les parents parviennent à cette attitude intérieure et qu'ils comprennent que leur enfant en aura besoin.

Que cela ait été exprimé ne serait-ce qu'une fois, voilà ce qui compte. Et que je puisse le répéter à elles qui en ont aussi tant besoin. N'est-ce pas simplement justice rendue ?

De temps en temps, j'observais Malika. Les jambes repliées sous sa chaise pour mieux respirer, elle ne me quittait pas des yeux. Qu'entendait-elle ?

La semaine suivante, l'éducatrice vient à moi :

« Malika veut vous voir. Elle l'a demandé avec insistance. Elle va mieux : elle mange, elle entre dans le groupe, elle ne pleure plus... Nous ne la reconnaissons plus ! »

Debout, Malika m'attend. Je lui trouve en effet meilleure mine.

« Madame, vous allez me dire... L'autre jour, j'ai entendu... J'ai bien compris. J'ai beaucoup réfléchi... Les autres disent que je me trompe, que je n'ai pas le droit, que ce n'est pas bien. Mais moi, je sais ce que je vais faire. Vous comprenez, madame, à la maison, c'est déjà plein d'enfants, je ne peux pas en ramener encore un... Alors, j'ai décidé, madame : mon bébé, je ne veux pas qu'il soit abandonné... Si je le donne, ce n'est pas comme si je l'abandonne... Mon bébé, je vais le donner pour qu'il ait une famille... Je crois que c'est moi qui ai raison...

— Oui, Malika, vous avez bien réfléchi, tout ce que vous dites est juste... Je pense la même chose, moi aussi. »

Maintenant qu'elle a trouvé sa solution, Malika va pouvoir être heureuse et attendre plus paisiblement le moment de la naissance. On pense cependant qu'une césarienne sera nécessaire. Il est donc prévu qu'elle accouchera dans une maternité où sa demande sera respectée.

La semaine suivante, c'est une personne inconnue de moi qui m'accueille. La directrice, malade, a été remplacée pour un temps par une inspectrice de la DASS, et les propos que celle-ci me tient sont bien différents :

« J'ai eu, madame, quelques échos du travail que vous faites ici. Je me dois de vous rappeler que les maisons maternelles ont été créées pour que les mères gardent leurs enfants et que rien, dans vos propos, ne doit aller à l'encontre de cette règle... »

La directrice, elle, m'avait toujours fait pleinement confiance. Elle approuvait mon travail, et il n'est pas question que je modifie en quoi que ce soit mon « projet pédagogique ».

Malika accoucha quelques jours plus tard. À l'initiative de l'inspectrice intérimaire, elle fut orientée dans un autre service où l'on ne savait évidemment rien de son projet. Contre toute attente, elle n'eut pas besoin de césarienne. Selon l'usage de cette maternité, dès que le bébé fut né, on le lui mit sur le ventre, puis dans les bras...

Le lendemain, je fus appelée au téléphone par l'éducateur désigné par le juge des mineures pour suivre Malika dans cette délicate affaire de prostitution.

« Madame, on m'a indiqué vos coordonnées... Je viens de voir Malika, c'est dramatique. Une vraie petite sauvage. Elle ne veut rien entendre. Elle serre le bébé contre elle en répétant : “C'est à moi, laissez-moi...” Elle hurle dès qu'on l'approche...

« Ce sera terrible, parce que de toute façon elle ne retournera pas chez elle, et son enfant, bien sûr, elle ne l'aura pas. Elle va être placée en foyer et le petit mis en pouponnière à la DASS. Il y a eu prostitution, vous comprenez, et elle a peine douze ans et demi... C'est un vrai désastre. Que faire maintenant ?

— Rien... Plus rien à faire. Moi, je n'ai aucun pouvoir... »

Malika est partie en foyer. Elle est retournée aussi à son mutisme, à sa honte, à son chagrin. Qui l'en sortira ?

On lui a arraché son bébé. Il est en pouponnière, bientôt en nourrice et ensuite en maison d'enfants... La ronde des placements va commencer.

Ni elle ni le bébé n'auront de famille.

Élisabeth et les trois désirs

> *Un être humain naît de trois désirs. Je parle de désir inconscient — je ne dis pas de besoin... S'il est né, c'est qu'il est le point focal qui s'est charnalisé de trois désirs :*
> *Le désir de le mettre au monde d'un père à travers la cellule qui a donné la vie.*
> *Le désir de la mère à travers cette cellule qui a donné la vie.*
> *Et le désir de cet être humain d'entrer dans la vie.*
> *Peut-être ne va-t-il lui rester que celui-là, mais ce sera déjà très important puisqu'il y a eu autorisation de prendre vie avec ses deux parents.*
>
> Françoise DOLTO[1].

Au centre maternel, on disait d'Élisabeth qu'elle était l'image du désespoir. Elle ne cherchait pas à cacher ses larmes. C'est comme si elle avait su déjà qu'il faut les laisser couler comme des torrents et que l'apaisement vient après. Alors elle ne les essuyait même pas, elle les laissait noyer ses yeux, mouiller ses cheveux...

Était-ce à cause de ses yeux bleus, de ses longues boucles blondes qu'elle avait l'air, malgré ses seize ans, d'une petite fille grandie trop vite ?

Elle venait du Nord et de la campagne.

Chaque fois que je la rencontrais, elle recommençait le récit de ce qui lui était arrivé, comme si elle n'en avait pas épuisé le drame.

« Il » avait vingt ans et avait dit, rassurant : « Mais non, on ne tombe pas enceinte comme ça : la première fois, on ne risque rien... »

C'est une idée qui a curieusement fait son chemin et qui a rassuré bien des indécises...

« Et puis, on se mariera... »

Les objections d'Élisabeth n'avaient pas eu beaucoup de poids devant de tels arguments.

---

1. *Sexualité féminine*, Édition du Scarabée, Paris, 1982.

« On s'aimait tellement... »

Du moins l'aimait-elle, elle, de toutes ses forces. Comme on aime à seize ans de se sentir aimée.

Dès qu'il l'avait sue enceinte, il s'était engagé dans l'armée. On s'engage ailleurs pour ne pas avoir le courage de s'engager ici.

« Il » a fui une petite fille atterrée, des parents effondrés et réprobateurs. Il a fui sa part de responsabilité, parce qu'il était incapable de l'assumer.

Ses parents à lui avaient pleuré avec elle : « Veux-tu qu'on l'oblige à t'épouser ? »

Elle, toute réconfortée parce qu'ils l'aimaient bien et le lui disaient, semblait revivre la scène en racontant. Elle faisait non de la tête pour accompagner ses dires.

« Mais non, puisqu'il est parti, puisqu'il ne m'aime pas. »

Quel cours d'éducation sexuelle sera assez clair, assez convaincant pour qu'au-delà des schémas, de l'anatomie, de la physiologie, de la biologie, les filles de cet âge-là — et les plus jeunes — comprennent qu'un « je t'aime » persuasif peut ne signifier qu'un « je te désire » exigeant ?

Alors on avait conseillé l'avortement.

Et sa mère l'avait emmenée de l'autre côté de la frontière, ainsi qu'elle l'avait fait un jour elle-même, comme le font encore certaines femmes aujourd'hui. Comme si malgré l'autorisation légale, une sorte de dédouanement supplémentaire leur était nécessaire.

Et on avait essayé de ne plus y penser.

Le retour de couches se faisait attendre. On la rassura : c'était le jeune âge d'Élisabeth, le manque d'appétit, le chagrin... Cinq mois plus tard, il avait bien fallu constater que l'enfant était toujours là et qu'il prospérait.

C'est elle qui prononçait le mot « enfant ». Dans les entretiens qui légalement précèdent les « interruptions volontaires de grossesses », on a l'habitude de cette façon qu'ont les femmes de parler de grossesse, de « ça », de retard de règles, de « les faire revenir »... De même, certaines femmes persistent à parler « avortement », alors qu'on leur suggère trois lettres, IVG, que les années passant et l'habitude faisant, on a bien fini par aseptiser en les banalisant.

Dans pareille situation, quand la grossesse subsiste après IVG, il arrive qu'il y ait poursuites : faute professionnelle, contrat non tenu, évaluation du préjudice... La presse médicale a rapporté certains cas qui ont fait jurisprudence. On a aussi prétendu qu'il avait pu s'agir de jumeaux et que l'un avait survécu à l'intervention, à l'insu de tout le monde...

Élisabeth, elle, n'en voulait pas au médecin. Elle était comme satisfaite de l'explication qui lui fut donnée :

« Vous comprenez, à votre âge, on aspire juste assez pour vider l'utérus, mais pas trop pour ne pas l'abîmer... »

Elle répondait avec ses mots à elle.

« On ne peut pas tuer deux fois le même enfant. »

Elle n'avait pas envie de s'épargner et ces mots qui sonnaient juste pour elle, au diapason de sa souffrance, elle n'avait pas peur de les prononcer.

« On ne peut pas non plus élever l'enfant qu'on a voulu tuer un jour... »

Puisqu'il fallait parler, elle parlait et on sentait bien qu'elle avait besoin qu'on entende ses mots comme elle les disait, sans les minimiser, sans les nier ni s'en offusquer.

En l'entendant, je pensais que chez Élisabeth, au moins, tout était « conscientisé » comme dirait le psychologue, et que grâce à cette faculté de donner libre cours à son chagrin, elle ne risquait pas plus tard le retour d'un inconscient soigneusement enfoui et qui chercherait à s'exprimer ailleurs et autrement.

Elle continuait, inlassable.

« Il a raison, le médecin qui m'a dit : "Cet enfant-là, il faudra peut-être bien penser à le faire adopter..." »

La logique de ce raisonnement, Élisabeth l'avait faite sienne, parce qu'elle correspondait à cette sorte de bon sens qu'elle exprimait clairement, pourvu qu'on lui en laisse le temps.

« Il a raison... parce que, moi toute seule, je ne pourrais jamais rendre cet enfant aussi heureux que je voudrais qu'il soit... N'est-ce pas, madame ?

— C'est vrai, peut-être, Élisabeth... »

Je sentais qu'elle n'attendait pas une approbation : peu lui importait mon opinion, il fallait seulement qu'elle se sente comprise.

Je savais que je ne pourrais pas être avec elle au moment de son accouchement et je le regrettais. J'aurais voulu que celui-ci soit beau, pleinement humain, chaleureusement vécu.

Dans le métier de conseillère conjugale, comme dans ceux qui utilisent « l'entretien de face à face [1] » comme thérapie, on sait bien que la seule sympathie n'est pas une aide pour l'interlocuteur.

Il ne s'agit pas de pleurer avec ceux qui pleurent. Il faut savoir supporter les pleurs, qui deviennent ainsi bénéfiques et apaisants. L'empathie [2], par contre, j'avais bien l'intention de la lui dispenser sans compter ni temps ni efforts.

Je me disais que cet enfant qui avait résisté à une IVG, qui avait un tel désir de vie, devait entrer dans la vie de belle manière. Je le voyais comme un enfant de l'amour. Un amour si fou, que lui, le père, en avait fui la conséquence.

Je ne saurais en dire plus, je n'ai pas rencontré ce garçon, mais j'ai comme une certitude que « bien entendu », il aurait pu exprimer son propre désir de cet enfant. Et puis dans « on se mariera... » ne faisait-il pas déjà place à l'enfant possible ?...

Élisabeth, qui avait par deux fois nommé le futur bébé « mon enfant », n'avait-elle pas laissé parler cet amour maternel si près de s'épanouir pour autant que les conditions aient été différentes pour elle ?

J'aurais souhaité aussi que soit réussie la remise de l'enfant à sa famille — ce qu'Élisabeth avait voulu pour lui. Comme en mémoire de la souffrance éprouvée par Élisabeth, et par respect pour elle, j'aurais voulu que ce passage de mère à mère, celle « de naissance » à l'autre « adoptante », se fasse avec des gestes d'offrande.

---

1. Roger Mucchielli, *op. cit.*, p. 23.

2. Pour ceux que le mot laisse perplexes, voici la définition qu'en donne Roger Mucchielli : « Empathie : attitude spéciale envers autrui constituée par : la présence au sens psychologique fort ; l'attention centrée sur ce qu'éprouve effectivement l'autre ; l'effort de compréhension de ce qu'il exprime en excluant l'entraînement affectif personnel (amour, sympathie, hostilité, antipathie) autant que le jugement moral (donc préservant l'objectivité). »

Je voudrais encore citer Françoise Dolto qui dans une émission sur « le droit aux origines[1] » affirmait : « ... La meilleure adoption serait celle où la mère qui sait qu'elle ne pourra pas élever son enfant — et c'est très humain de savoir qu'on ne pourra pas élever son enfant ; c'est bien plus humain que de le confier quasiment gratuitement en disant : j'irai le voir de temps en temps — et qu'elle l'a porté, qu'elle l'aime et lui dise : Moi je ne pourrai pas t'élever mais je te donne à une famille. Que cela puisse se faire au lit de l'accouchée... »

Voilà, certes, qui bousculerait la loi mais une révision ne mériterait-elle pas d'être envisagée, réfléchie et mise à l'étude ? D'abord pour le bien de l'enfant, car trois mois en attente de parents c'est long, beaucoup trop long en ce début de vie, injustement long. Ensuite pour le bien de la mère, et j'y reviendrai, qui redoute ce long délai. Toutes me l'ont si souvent exprimé. J'aurais voulu que lui soit épargnée cette attente puisque Élisabeth voyait déjà son bébé accueilli et que c'était pour elle source de réconfort.

N'oublions pas qu'on appelle encore trop souvent ces trois mois « le délai de repentir »... Qu'en espère-t-on au juste ?

« Élisabeth, où imaginez-vous votre enfant plus tard ? »

Elle avait longuement réfléchi, cherchant les mots vrais et justes, comme elle savait le faire.

« Mon enfant... je le vois dans "sa" famille, heureux... »

Elle avait accentué ce possessif qui n'était justement pas le sien.

Élisabeth, il vous faudra encore beaucoup pleurer. Et l'apaisement viendra après, plus tard, peut-être, bien plus tard...

---

1. Antenne 2, 23 avril 1981.

Sophie, sa vérité ou la mienne ?

Parler, c'est d'abord se parler à soi, pour tout sujet. C'est se parler face à cet autre qui fait office de garde-fou. Comme si sa présence non seulement cautionne le déroulement du propos au plus près de la vérité qui se cherche [...].

Parler c'est cela mais c'est aussi un mouvement irrépressible originé dans une maturation enfouie, inaccessible de la problématique qui s'expose et qui aurait enfin atteint une limite, une véritable ligne de bascule.

Au point que cette ligne dessinée entr'aperçue, vaguement définie, imposerait d'être montrée à l'interlocuteur, de le prendre à témoin pour être enfin entérinée visible et délivrer le message qu'à bas bruit, elle s'est évertuée à composer.

Aldo NAOURI[1].

« Et vous l'avez crue ? Ainsi, vous croyez tout ce qu'on vous raconte. Et si cela n'était qu'un petit roman qu'elle avait mis au point ? Une histoire peut-être inventée de toutes pièces ? Elle veut vous attendrir, se rendre intéressante, se faire plaindre... »

Ainsi, aujourd'hui, je devrais douter de Sophie ? Par prudence, parce que son histoire est si lamentable que je risque de ne pas la supporter ? Dans la crainte de me laisser abuser et d'en voir mon orgueil atteint ? Ce n'est pas la « vérité » qui m'importe. Chacun de nous n'a-t-il pas la sienne, qui le présente sous le jour le plus favorable, qui offre aux autres son meilleur profil ?

Veut-elle qu'on la plaigne ? Je n'ai jamais l'impression que c'est ce qu'on attend de moi. Les « pauvre petite » ou « comme vous avez dû souffrir » ne me semblent jamais réconforter quiconque.

Pleurer avec ceux qui pleurent peut se pratiquer ailleurs et autrement. La sympathie n'est pas à exclure d'un certain

1. *Parier sur l'enfant,* Le Seuil, 1988.

type de relation. Dans d'autres cas, ni amour ni l'hostilité ou l'antipathie n'ont leur place.

Dans l'entretien de face à face dont parle si bien Roger Mucchielli [1] durant ses séminaires, l'empathie est une technique qui s'acquiert quand on en a compris le sens et l'efficacité. Je veux encore le souligner ici tant elle est importante.

Car il s'agit bien d'une relation à autrui faite de présence au sens psychologique fort, dit Mucchielli. J'ajouterai aussi une relation de tolérance. Je préfère être en avance d'une erreur qu'en retard d'une injustice : j'ai lu ou entendu un jour cette phrase qui correspond si pleinement à ce que je souhaite que je l'ai faite mienne. Peur de me tromper ? J'essaie de m'en départir. Peur d'être trompée par l'une ou l'autre ? J'espère qu'elle ne m'atteint plus.

Pourquoi ne croirais-je pas Sophie qui, aujourd'hui, est devant moi, si pitoyable ? Si c'est « sa » vérité, cette part d'elle-même qu'elle me présente et qui lui ressemble peut-être — celle en tout cas qu'elle voudrait être —, je l'écouterai et par là je lui permettrai d'y advenir. Je veux croire à cette part d'elle-même où elle se sent la plus conforme à sa vérité, où elle sera le plus authentique, où j'essaie de la rejoindre.

« Il faut faire confiance à tous les êtres sinon on ne peut pas vivre... », a dit Tchekhov. Mais je dois éviter d'intervenir et surtout me libérer de l'envie de questionner. Freud aurait dit : « Quand vous posez des questions, vous n'aurez que des réponses. » Il n'est rien de pire pour rompre le cheminement de la pensée qui avance douloureusement. Le questionnement qui veut être désir de clarté m'apparaît redoutable.

Les précisions qui ne seront pas données manqueront peut-être. Mais à quoi et à qui ?

Investigation, rapport éventuel à fournir, éclaircissement, anamnèse, synthèse du cas... Voilà des mots présents à l'esprit du travailleur social. Que faire d'un « autre son de cloche » ? La cacophonie n'aide pas à l'harmonie. Et si cela risquait de n'être que curiosité, satisfaction personnelle ?

1. *Op. cit.*

S'agirait-il de débusquer, de découvrir un misérable petit tas de secrets ?

Je préfère croire, jusqu'à en être sûre pour elle, que Sophie peut devenir ce qu'elle a envie d'être. La question est toujours intrusive. Le questionnement peut-être ressenti comme une agression. Il n'enrichit pas forcément la compréhension que je cherche à instaurer. Il risque d'être ressenti comme une effraction plus que comme une ouverture vers la réflexion.

J'ai souvent senti qu'il ne fallait pas pousser l'interlocuteur au-delà de ce qu'il a besoin de dire ; qu'il fallait même quelquefois l'arrêter dans ses révélations, l'empêcher d'aller trop loin, surtout pour qu'il ne regrette pas plus tard la confidence qu'il n'aurait pas voulu faire. Il faut savoir fermer à temps une porte qui n'avait besoin que de s'entr'ouvrir pour que pénètre un peu d'air respirable lorsque l'angoisse étreint douloureusement. Après tant d'années, j'en arrive à redouter l'effet cathartique qui est l'un des risques de l'écoute.

Le rappel du secret professionnel peut rassurer. Il ne doit pas inciter à aller trop loin.

Je n'affirme pas que ce soit ainsi et seulement ainsi qu'il faille travailler. J'essaie de dire comment et pourquoi je procède ainsi, afin que chacun soit en mesure d'entendre et trouve sa manière à lui d'exprimer son propre charisme en évitant les pièges que sans cesse nous pose l'entretien.

S'il fallait nommer cette « acceptation inconditionnelle des autres » que préconise Carl Rogers, où l'intuition a sa place, le mot « amour » s'imposerait, jaillirait, tout simplement, naturellement, à condition de lui enlever toute nuance possessive.

Après tant d'années de relation d'aide, au cours de ces rencontres privilégiées, ce dont je suis sûre, c'est d'avoir plus reçu que donné.

Véronique
la chaîne à rompre
ou la compulsion de répétition

Il n'y a pas de mère sans père même dans les familles dites monoparentales : une femme n'est mère pour son enfant que dans le rapport avec un homme, avec un homme qui compte entre eux.

Jean-Pierre DURIF-VAREMBONT[1].

Elle avait un air si pondéré, si raisonnable, elle portait sa grossesse avec tant de naturel qu'il était difficile d'imaginer quel drame avait pu l'amener au foyer maternel.

Elle avait demandé à me voir avec une insistance particulière, dont je n'avais pourtant nulle raison de m'inquiéter. Selon le protocole auquel je tenais — et que le foyer respectait — même si cette exigence semblait parfois surprendre, je ne savais rien d'elle avant de la recevoir.

Faut-il absolument « savoir » pour mieux « comprendre » ? Rien ne me paraît moins sûr. Je tiens, au contraire, à la rencontre que rien n'a précédée, ni dossier de l'administration, ni rapport de l'éducateur, ni commentaire. Aucune idée préconçue. Pas d'éclairage extérieur qui risque de faire dévier le face à face. Les questions préliminaires risquent toujours d'orienter vers une piste plus ou moins divergente, et peut-être la jeune maman n'osera-t-elle pas, ou ne songera-t-elle pas alors à dire ce qui compte vraiment pour elle. Et puis encore une fois, à poser des questions, on n'obtient que des réponses...

D'ailleurs, pour exposer son problème, Véronique n'a pas besoin de longuement s'expliquer :

« Madame, voilà : j'ai treize ans et demi, et avant d'accoucher je voudrais que vous parliez à ma grand-mère. Elle

1. *Place du père, violence et paternité,* Champs Flammarion, 1992.

a quarante-cinq ans... et elle sera l'arrière-grand-mère de l'enfant que j'attends. »

Assaillie sans préambule par ces chiffres inhabituels, j'entame un vague calcul mental. Mais Véronique ne me laisse pas le temps de m'égarer.

« Oui, voilà : quand je suis née ma mère avait quinze ans et demi. C'est pour cela que ma grand-mère m'a élevée. Ma mère, je ne l'ai pas beaucoup connue... Quand elle est née, elle, je sais que ma grand-mère avait à peine seize ans... »

Le compte est exact, mais cette exactitude-là ne satisfait pas Véronique. Une idée s'est fait jour dans sa tête, depuis qu'avec le petit groupe nous avons envisagé l'éventualité de l'abandon, de l'adoption.

« Madame, ça ne peut plus durer ainsi : ça devient infernal, il faut que ça s'arrête... »

« Ça », c'est-à-dire la transmission du même schéma, la répétition du même comportement de mère à fille, à quoi elle n'a pas échappé. Mais on la sent résolue à trancher la chaîne, à en finir avec cette espèce de malédiction où s'enferme sa lignée de femmes, chacune de plus en plus tôt, de plus en plus vite.

De telles « compulsions de répétition » ne sont pas rares au fil des générations ; pour en sortir, la prise de conscience est parfois rude... Véronique y est prête, elle se sent, elle se dit capable d'inventer autre chose :

« Il faut que ça s'arrête. Je veux, moi, que mon enfant ait un père. J'ai été trop malheureuse, je ne veux pas de ça pour lui... »

De celui dont elle s'est retrouvée enceinte (comme on dit quand on en reste étonnée...), Véronique ne parle pas. Et tout aussi inconnus restent le père et le grand-père. Les hommes ne font que passer, juste le temps nécessaire pour jouer ce rôle de fécondateur qu'on semble leur avoir attribué depuis trois générations (et peut-être davantage ?). À peine un passage... Un parcours obligé ?

Véronique refuse d'être un maillon d'une chaîne infinie et indéfinie, sinon infernale.

« Madame, il ne faut plus continuer comme ça... Je ne veux pas que le bébé soit malheureux. Je veux qu'il ait une famille, une vraie. Mais ma grand mère ne veut rien entendre. Si vous pouviez lui dire... »

Elle allait devenir arrière-grand-mère sous peu... J'ai donc reçu cette femme de quarante-cinq ans, qui ne semblait pas le moins du monde accablée, pas même inquiète. Comme si la situation lui paraissait naturelle.

J'ai tenté de lui expliquer le désir bien raisonné de Véronique, de lui faire admettre les besoins de l'enfant et l'avenir qui pouvait lui être proposé. Je l'ai vue étonnée, puis incrédule, enfin quasiment choquée : que signifiait donc un pareil discours ? C'était fou, c'était impensable. Puis la réplique est venue, lourde de réprobation :

« Véronique gardera cet enfant, madame. »

Elle n'a pas dit « élèvera cet enfant ». Elle précise :

« *Nous* le garderons. Car, sachez-le, madame, chez nous, on n'abandonne pas. »

Sans appel.

Ce soir-là me revint encore en mémoire une phrase de Bernard This[1] : « Être mère, c'est être mère avec un homme. »

Véronique, la première de cette lignée, l'avait compris. Elle n'avait pas réussi à le faire comprendre. Je n'y parvins pas non plus.

---

1. In *Enfants en souffrance, op. cit.*

Saadia et le contrat déchirant

La réaction de la société arabe, en général, à la maternité célibataire s'inscrit dans le cadre de tout ressentiment naturel face à l'illégitimité d'une situation, à la transgression des lois les plus fondamentales régissant un groupe et garantissant sa structuration et sa survie.

Roland-Ramzi GEADAH[1].

Saadia, jeune étudiante, était venue d'Algérie pour accoucher en France, munie d'un billet de touriste et d'un permis de séjour qui ne devait pas excéder trois mois.

Je ne sais comment les choses s'étaient négociées avec sa famille, mais le contrat était formel : venue en France pour une raison quelconque, il était bien entendu qu'elle rentrerait seule en Algérie. Elle en était déchirée.

Chaque minute passée avec sa petite fille lui était précieuse. Mais elle n'était pas abattue. Son dynamisme dans le groupe surprenait toute l'équipe éducative du foyer maternel. Elle semblait transformer en réflexion, en projet, une énergie qu'elle savait impossible à employer comme elle l'aurait évidemment souhaité.

Puisqu'elle avait accouché « sous X », qu'elle avait cédé ses droits maternels, organisé l'adoption de son enfant (je ne peux écrire accepté ou consenti à), il fallait que ce soit *sa* démarche et qu'elle ait tout son sens.

Elle me présenta un jour une requête :

« Accepteriez-vous de venir nous parler de l'abandon et de l'adoption ? »

Il me fallait lui faire préciser :

« Est-ce votre demande à vous, Saadia, ou celle du groupe ?

— On est toutes d'accord, bien sûr, on en a beaucoup

1. *Les Mères célibataires démunies*, ESF, 1981.

parlé déjà, mais on voudrait vous poser une condition : vous resterez jusqu'à ce que vous ayez répondu à toutes nos questions... »

Je savais que j'avais d'avance l'accord de la directrice du centre. Loin était le temps où l'une d'elles était venue me voir : « Je suis d'accord avec tout ce que vous faites au centre, mais je vous en prie, ne parlez pas d'abandon. Vous iriez à l'encontre des buts de la maison et j'en suis responsable. » Je lui avais expliqué alors que je ne pouvais feindre d'ignorer que certaines avaient ce projet, mais que, interdites d'abandon, elles n'osaient en parler.

Je lui avais dit aussi que je ne pouvais éluder leurs questions, de plus en plus précises au fur et à mesure que la confiance s'établissait, que j'en assumais les conséquences, prête à justifier mes interventions... Nous avions ainsi longuement discuté alors et sa conclusion, que j'avais appréciée, avait été : « D'accord, mais alors je ne veux pas le savoir... »

Je parlai donc du projet de Saadia à l'éducatrice du foyer et de ma décision d'accepter. Elle ne me cacha pas son inquiétude : « Vous n'y pensez pas ! Elles vont vous agresser. Elles iront jusqu'à se battre, vous verrez. C'est un sujet absolument tabou entre elles. »

Elle eut cependant le courage de venir à la réunion. Elle fut la seule de toute l'équipe éducative, que j'avais prévenue comme je le faisais avant chaque réunion.

Saadia, elle, avait préparé la rencontre. La grande salle avait été aménagée. Jamais je n'eus un tel auditoire au centre maternel ! Ce ne fut même pas houleux. Les questions fusaient, les réponses venaient souvent d'elles-mêmes. Je les complétais ou les justifiais. Saadia était une remarquable animatrice.

Je me souviens des dénégations énergiques d'une des jeunes femmes qui semblait décidément ne pas vouloir comprendre. Elle avait fait un long séjour au centre maternel et depuis peu l'avait quitté, avec son petit garçon, pour un appartement dans un grand ensemble. Elle revenait souvent nous faire part de sa réussite. Mais cela me semblait toujours un peu trop démonstratif.

Elle était là, son petit garçon de vingt mois sur ses

genoux. Elle essaya à plusieurs reprises de démontrer que la seule solution possible et la meilleure était celle qu'elle avait choisie. Elle fut l'une des premières à quitter la réunion. Je fus attristée de constater qu'elle était ébranlée. Comme elle avait dû lutter pour maintenir le cap choisi ! Tant d'efforts étaient-ils remis en cause ?

Quelques mois plus tard, elle me téléphona à plusieurs reprises. Nous échangions quelques généralités. Elle se voulait rassurante, mais elle me semblait préoccupée. Elle me disait que tout allait pour le mieux et que Benoît était superbe, mais sa voix démentait ses affirmations et, au cours de son dernier appel, il fallut s'interrompre : les copains autour d'elle étaient vraiment trop bruyants. Elle ne rappela plus.

Revenons à la réunion de Saadia.

Elle finit fort tard. On m'avait prévenue. Pas de trace de combats dans la grande salle vide. Je me retrouvai avec l'éducatrice. Elle n'avait rien dit mais semblait épuisée. Elle hochait la tête :

« Vous allez trop loin... »

Elle reconnut que je n'avais fait que répondre aux questions, si denses, de plus en plus précises et directes.

« Mais vous allez trop vite, beaucoup trop vite... »

Elle ne s'expliqua pas davantage.

Trop loin, trop vite, pour qui ?

Saadia savait bien, elle, qu'elle ne pouvait attendre davantage. Je sus aussi ce jour-là, qu'elle n'était pas la seule à avoir pensé au projet d'abandon. Sans avoir osé le dire.

Je ne peux rien ajouter à l'histoire de Saadia. Je n'ai plus rien su d'elle. Rien pu pour elle après cette réunion. Une fois encore, j'ai mesuré les limites de mes possibilités au centre maternel.

J'espère que l'équipe aura été aidée par la réflexion de Roland-Ramzi Geadah : « Toute entreprise d'aide, si elle se veut humaine et valable, doit aller jusqu'au bout de sa trajectoire. » Très justement et très concrètement, il éclaire cette trajectoire. Une connaissance du contexte « anthropologico-historique » est nécessaire, affirme-t-il, pour prendre en charge le cas dramatique de ces jeunes filles arabes.

Dans son livre *Les Mères célibataires démunies,* il consacre un chapitre, « Société arabe, maternité coupable et déchirement social », à la situation en France de ces mères et aux perspectives humaines envisageables pour elles.

C'est une réponse concrète à ces cas douloureux.

Noura, les dessins pour le dire

Dans ces sociétés où la fécondité est honneur et gloire, ou la maternité est la vocation primordiale sinon exclusive des femmes, où de nombreux enfants sont ardemment désirés et objets de toutes les sollicitudes, n'est-il pas paradoxal que des mères soient objet de réprobation ?

Camille LACOSTE-DUJARDIN [1].

Noura est une jeune Marocaine née en France il y a près de vingt ans. Elle est aimable et souriante. Parfois, je surprends chez elle un regard profondément triste quand je la rencontre au détour d'un couloir. Elle ne cache pas qu'elle s'inquiète pour sa mère soignée pour une grosse dépression. Elle répète aussi qu'elle croit en être responsable, à cause de cette grossesse qui a bouleversé la famille mais dont elle ne dit rien d'autre.

À cette époque-là, à la maison maternelle, je ne me sentais pas autorisée à recevoir individuellement les pensionnaires comme je le fis plus tard, lorsqu'elles le demandaient elles-mêmes ou lorsque l'un ou l'autre des membres du personnel le leur suggérait.

Mon travail consistait à passer, avec chacun des deux groupes définis par l'âge (moins ou plus de dix-huit ans), un après-midi par semaine, munie de mon matériel audiovisuel. C'était ce que l'on attendait de moi. Il n'y avait pas non plus de poste de psychologue attaché à la maison, comme si les problèmes de ces « mères-célibataires » n'étaient que sociaux.

Le temps de leur séjour ici était consacré à attendre patiemment la naissance, accoucher et partir avec l'enfant dès qu'auraient été trouvés logement et travail. On

1. « Au Maghreb, l'enfant innommable », in « Abandon et adoption », *Autrement* n° 96, février 1988.

comprend mieux, compte tenu de cette vue si partielle et réductrice de leur problème, pourquoi tant de petits enfants se retrouvaient à l'Aide Sociale à l'Enfance dès le mois suivant dans le « meilleur » des cas, et après plusieurs années de placements multiples dans la plupart des autres cas.

Il serait plus juste de dire que personne ou presque, dans les services concernés, ne souhaitait se pencher sur la dure réalité qui attendait les jeunes mères après leur séjour en maison maternelle. Cela bousculait trop l'image de la « bonne mère » à laquelle on tenait tant et vers laquelle convergeaient tous les efforts d'un personnel dont la bonne volonté n'était pourtant pas contestable.

Il m'arrivait d'en discuter avec une éducatrice ou une puéricultrice désireuse d'aller au-delà du quotidien de son travail. Je prêtais alors articles, livres, que l'on me renvoyait invariablement sans commentaires. Je me rendais bien compte du malaise suscité. Cela ne remettait-il pas en cause les idées ancrées, les habitudes acquises, le statut même des centres maternels ?

Dois-je vraiment renoncer à utiliser l'imparfait ?... Les travailleurs sociaux refusent-ils toujours de lire, de s'informer lorsqu'ils sont en place ? N'en ont-ils toujours pas le temps ?

Ce n'est que plus tard, au fur et à mesure des demandes précises formulées par les jeunes femmes, que je multipliai mes activités avec elles. Dans le même temps, un, puis deux psychologues vinrent travailler à la maison maternelle.

Une « innovation » pour moi consista à aller rendre visite aux jeunes femmes à la maternité lorsqu'elles me le demandaient expressément ou lorsqu'elles acceptaient avec empressement la proposition que je leur en faisais.

Ainsi, je connus mieux Noura. Cette visite inhabituelle ne posait d'ailleurs aucun problème au centre maternel, puisqu'elle ne devait pas y revenir.

Elle avait accouché « sous X ». On me le révéla en m'apprenant la naissance. Elle me parla tout de suite du bébé pour m'annoncer... son poids, dont elle était fière. Elle m'expliqua : « Mon père m'avait dit que c'était la seule chose que ma mère et lui souhaitaient savoir... »

Un bébé lourd signifiait un bébé beau et bien portant,

qui serait donc bien accueilli, puisqu'il allait être adopté. Comme si cela apaisait la blessure narcissique de ces parents accablés et les rassurait quant à l'avenir de l'enfant. Et puis, leur fille aînée avait au moins été capable de faire un beau bébé...

Noura ne précisait rien quant à son propre désir, se contentant de satisfaire celui de ses parents.

Je n'avais que très peu souvent rencontré Noura, et toujours en groupe : aussi pensais-je que ma visite serait courte. D'ailleurs, rien d'important ne s'échangea.

Au moment de quitter la chambre, je remarquai quelques revues sur une table.

« Vous ne vous ennuyez pas, Noura ? Voulez-vous que je vous apporte quelque chose à lire ? »

Elle ne répondit pas tout de suite, hésita, puis :

« Voulez-vous me passer ce cahier-là, sur la table, je vais vous montrer. »

Tournant lentement une page après l'autre, Noura raconta : « Quand j'étais enfant, le dimanche à la maison, les parents nous installaient à la grande table. Nous écrivions, nous dessinions... Mon père nous apprenait. »

Elle sourit à cette évocation et continua : « J'ai dessiné tout cela depuis hier. Vous voyez, là j'ai fait un paysage, c'était *avant...* »

Et la page me sembla pleine de soleil.

Quelques autres pages tournées rapidement, comme sans importance. Puis, elle s'arrêta devant un visage d'homme : des lignes sombres, fortes, des yeux qui semblaient clos tant ils étaient enchâssés dans les orbites. Cela m'évoqua brusquement le tragique *Christ aux outrages* de Rouault.

Je ne questionnai pas et elle n'en dit pas plus. Un long silence se fit, pas entre nous, mais devant ce portrait.

Bientôt la page fut tournée. Elle, si calme, s'excita un peu lorsque apparut un curieux petit visage rond, tout rose, qui me fit penser aux matriochkas, ces poupées russes en bois coloré et verni, toutes semblablement décorées, et qui s'emboîtent les unes dans les autres.

« C'est... un bébé. »

Et elle rit comme si elle se rendait compte de la naïveté

de son dessin. Je me suis interdit tout commentaire, j'ai regardé, j'ai écouté, j'ai souri avec elle.

Noura, si culpabilisée, n'a que peu de moyens d'expression. Le dessin lui en tient lieu. Elle l'a utilisé intensément : des tranches de vie heureuse, puis le drame sont relatés dans ce cahier. Et cet enfant, qu'elle n'a pu représenter que stéréotypé, sans âge, sans personnalité, sans émotion non plus, déposé sur le papier — était-il ainsi sorti de sa tête, comme elle l'avait sorti de son corps sans en avoir souvenir ? Sinon de son poids, puisque c'était tout ce que ses parents souhaitaient savoir.

N'est-ce pas toute une thérapie que Noura venait d'accomplir avec son cahier et ses crayons ?

Mais elle devait en parler. Ce faisant, il fallait qu'elle soit écoutée. Je me suis trouvée là pour le lui permettre. Et je me plais à imaginer que, dans une famille heureuse grâce à ce bébé — il est si beau ! — et grâce à Noura, un petit enfant fait à son tour de très beaux dessins.

Marielle et « sa » juge

La société leur a donné un juge. Presque comme une preuve tangible de leur existence sociale et qui leur permet de se dire que, malgré tout ce qui leur arrive, quelqu'un, un juge de surcroît, s'intéresse encore à eux.

Philippe CHAILLOU [1].

Marielle *semble* heureuse aujourd'hui. Il s'est sûrement passé quelque chose et je sens qu'elle ne va pas tarder à m'en faire part... si je suis assez patiente.

Bien sûr, elle a souvent ce sourire un peu béat qui découvre des incisives encore vilainement cariées. Pas pour longtemps. On vient de prendre tout cela en charge au centre maternel où je viens travailler régulièrement. On va arranger les dents et, du coup, l'orthophoniste va améliorer une élocution difficile. Comment ne pas zozoter quand on a des dents pareilles ? Et comment être prise au sérieux quand on a tant de mal à s'exprimer ? On a dû souvent en rire autour d'elle.

Aujourd'hui son sourire est expressif. Elle m'attend visiblement, arpentant la grande allée avec son petit garçon de vingt mois.

Marielle a vingt-quatre ans. À la dernière réunion de synthèse (réunions où l'on apporte les informations, où l'on fait le point et où s'échangent les réflexions sur le cas abordé), l'éducateur a donné les éléments importants de son histoire. C'est une triste histoire. Mais au centre maternel les histoires ne sont-elles pas toutes tristes ?

Marielle avait connu dans un petit village de montagne des conditions de vie apparemment sommaires : une

1. *Mon juge*, Belfond-Le Pré aux clercs, 1989.

famille — ou ce qui lui en tint lieu — difficile à cerner, peu ou pas de scolarité, beaucoup de travail à la ferme pour elle et peu à manger. Quelques rares paroles à échanger. De ce début de vie bien fruste il lui reste une débilité que les éducateurs appellent « affective » ou « relationnelle ». Cela signifie aussi qu'en lui portant attention on la voit faire de rapides progrès.

Jusque-là, on avait beaucoup utilisé Marielle mais on ne l'avait pas aidée à grandir. Depuis qu'elle est au centre maternel, on s'étonne et on se réjouit de sa transformation.

De son passé elle ne parle pas.

On sait qu'elle fut enceinte très jeune. Bientôt mariée, elle mit au monde une belle petite fille dont le mari, qu'elle n'évoque pas non plus, s'empara rapidement. Elle ne revit plus son enfant.

Marielle en refit rapidement un autre, on ne sait avec qui, et elle vit depuis un an au centre maternel avec le petit Pierre. Celui-ci n'est pas très réussi, il inquiète le pédiatre et les puéricultrices. Sa maman cependant est fière de lui et se montre très maternelle. Elle fait de rapides progrès au point qu'on envisage une certaine autonomie. Elle travaille régulièrement et son employeur l'apprécie.

Lorsque sa meilleure amie lui annonce qu'elle est enceinte et va bientôt se marier, Marielle se retrouve enceinte à son tour. Mais sans mari.

Elle ne dira rien de cette grossesse que silencieusement elle laissera se dérouler, juste assez pour que l'IVG préconisée ne soit plus possible. Même un avortement dit thérapeutique, pour cause de débilité, ne sera pas envisageable. Avait-elle l'intuition que cette solution, facile pour d'autres, si justifiée par ceux qui souhaitent la prescrire dans un tel cas, n'était pas la sienne ?

Marielle est en retard d'un enfant.

Au centre, on parle beaucoup d'elle et on s'inquiète : que va-t-elle devenir avec deux enfants ? Pourtant elle semble heureuse.

« Si on s'asseyait, madame, au soleil là, sur le banc...

— D'accord, Marielle, j'ai le temps. »

Elle a suivi avec beaucoup d'assiduité nos rencontres en groupe. Que comprenait-elle ? Qu'en a-t-elle retenu ?

Aujourd'hui, c'est elle qui a quelque chose d'important à me dire. Sans autre préambule :

« Madame, j'ai vu *ma* juge ce matin. »

Le possessif me touche. Quand on n'a personne, pas grand-chose à soi, on s'approprie vite ceux qui vous écoutent, qui s'intéressent à vous, même si c'est pour vous rappeler les limites et la force de la loi. « Mon » juge, « mon » éducateur ne sont pas seulement ceux qui répriment, mais aussi ceux qui écoutent, guident, conseillent.

« Et ma juge m'a tout expliqué. Que Pierre avait besoin de moi, qu'un autre enfant me prendrait trop de temps, son temps à lui... Il en a bien besoin, c'est vrai ! »

Elle le regarde avec amour, il sourit, et quelque chose de très fort passe entre eux.

« Deux enfants, ce serait trop lourd à élever. Je me débrouille bien et j'y arrive pour Pierre, ça va, mais rien de trop... Le bébé que j'attends, elle m'a dit qu'il lui fallait aussi une famille. Alors il sera adopté, j'ai décidé. Elle a dit, ma juge, que ce serait bien comme ça. Elle a raison. »

Les paroles du juge, Marielle les a faites siennes : elle ne se contente pas de les répéter, elle les a comprises et me les transmet dans son langage à elle.

C'est dorénavant sa décision. Cet enfant-là, on ne le lui prendra pas. C'est elle qui en a décidé ainsi, c'est elle qui le donnera. Si personne ne s'interpose, si on ne la culpabilise pas, elle ira jusqu'au bout de son projet, de sa décision.

Oui, madame le juge, vous avez raison. Et aujourd'hui les yeux de Marielle brillent. Elle *est* heureuse.

Sarah, pour achever ce qui était commencé

Une question appelle toujours une réponse, mais que répondre à une question qu'elle ne s'est jamais posée ?

Alors, elle répond non pas n'importe quoi, mais ce qui pourrait être attendu de l'autre : c'est ce que nous appelons une rationalisation.

Sylvette CHENAUD[1].

On aurait pu croire que sa vocation à elle était de faire des enfants pour celles qui n'y parviennent pas, tant les événements s'étaient reproduits avec la troublante insistance qui, justement, caractérise une vocation.

Elle avait eu un premier enfant à seize ans tout juste. Avec la complicité de sa mère, on avait convaincu un père intraitable qu'elle partait, pour une quinzaine de jours, « faire les vendanges » chez une amie.

Elle était arrivée au centre maternel juste à temps.

Elle se montrait si douce, si docile et si bien élevée qu'on ne doutait pas qu'il s'agissait d'un « accident ».

Cette grossesse avait été diagnostiquée très tard et l'abandon paraissait la seule possibilité à envisager. C'était aussi son avis et elle l'avait accepté et signé avec soulagement.

Tout s'était vite passé, sans difficultés, sans émotion. On avait prescrit pour elle une anesthésie générale afin de lui éviter une inutile souffrance et la confrontation à cette naissance que l'on avait estimée traumatisante pour cette adolescente blessée. Grossesse cachée, accouchement camouflé, enfant silencieux, évaporé... Tout s'était réalisé dans le flou et le secret. Puis elle était retournée dans sa famille...

C'est l'année suivante que je la rencontrai de nouveau,

1. « Réflexions psychanalytiques autour de l'abandon d'un enfant », in *Cahier de l'Institut des Sciences de la Famille*, n° 5, Lyon, juillet 1993.

au centre maternel, pour de nouvelles « vendanges ». Apparemment pas plus émue.

Alors, on crut s'être trompé sur elle. C'était, à n'en pas douter, « une petite vicieuse ». Cette fois, elle accoucherait « comme tout le monde et sans ménagements ». Justement, elle partait pour la maternité d'où elle me téléphona quelques jours plus tard.

Je frappai avec insistance à la porte de la dernière chambre, au bout du couloir. De là, il est vrai, on n'entend pas pleurer les autres bébés, mais je savais que, franchie la porte barrée d'un X éloquent, j'allais trouver aussi le petit box, où habituellement on donne les soins aux bébés, vide d'une présence.

On ne répondait toujours pas... alors j'entrai.

Elle était assise au bord du lit, bien droite, face à la fenêtre. Je la reconnus à sa longue natte brune, bien sage. J'imaginai son regard perdu, au-delà des toits qu'elle dominait de la fenêtre. Était-elle si loin pour ne m'avoir pas entendue ? Ou si peu habituée à ce que l'on frappe à sa porte ? La monitrice m'avait dit un jour : « Surtout, ne frappez pas mais entrez brusquement dans leur chambre, il faut absolument savoir ce qu'elles font... »

Sarah sursauta quand je lui parlai, mais retrouva vite son calme, son sourire désarmant, de nouveau présente. Sans que je questionne, elle raconta tout ce qui s'était passé et que déjà elle avait « tout signé ».

Puis l'interne entra, son ordonnance à la main. Non seulement il avait inscrit une contraception à commencer sans attendre, mais il la lui expliqua longuement et fermement. On le comprend, la pilule ne devait plus avoir de secret pour elle. Consigne formelle. D'ailleurs, elle ne protesta pas. Elle écoutait avec attention et, docile, elle acquiesçait de la tête.

Quelques minutes plus tard, une infirmière vint à son tour lui demander si l'interne n'avait pas oublié de lui prescrire « sa » pilule. Elle eut le même sourire, le même hochement de tête, sans mot dire.

La porte sitôt refermée, j'eus la surprise de l'entendre m'expliquer : « Ils vont sûrement revenir encore pour *ça*, ils ne me disent rien d'autre. Mais eux, ils ne savent pas... »

Et posément, dans une chronologie rigoureuse, elle raconta :

« Ça fait un an, presque jour pour jour. La première fois, avec l'anesthésie, je ne me souviens de rien. Cette fois, je l'ai entendu naître... »

Après un silence, elle ajouta cette précision qui m'apparut sans rapport aucun avec la phrase qui avait précédé :

« C'était le même garçon que la première fois.

— Mais pourquoi le même ? » dis-je sans réfléchir.

Là, elle hésita sur la réponse et murmura :

« Pour lui donner sa chance... »

J'eus l'impression que c'était n'importe quoi, cette réponse, et, je regrettai ma question. Elle-même ne semblait pas très sûre de son affirmation. Elle précisa :

« D'ailleurs, il ne sait même pas... La première fois, il m'avait dit : “C'est à toi de te débrouiller.” »

Il y eut un silence, long, comme si nous réfléchissions ensemble. Pour quoi alors, pour qui, cette naissance si semblable à la première ?

Je n'ai plus le souvenir de ce qu'elle dit encore mais je compris ainsi cette invraisemblable insistance. Le mot fin ne pouvait être prononcé : il n'y avait pas d'achèvement à ce qui avait été commencé, longuement poursuivi, mais pas jusqu'à la fin. L'anesthésie, l'inconscience en avait rompu le déroulement. Là encore, le deuil était impossible, comme si l'histoire restait en suspens. Quand on n'a ni compris ni vécu ce qui s'est réellement passé, il ne reste que la ressource de recommencer. Ne faut-il pas que chaque séquence soit vécue et assumée entièrement ?

Cela n'est-il pas fou ? Deux grossesses, deux naissances, deux enfants, deux abandons. Et Sarah n'avait que dix-sept ans.

C'est elle qui m'apprit qu'on ne doit jamais décider de la meilleure solution pour quelqu'un d'autre. Même si elle semble la plus logique et — surtout — la plus généreuse. Même si elle est sollicitée de façon pressante : « Dites-moi, je vous en prie, ce que je dois faire. »

J'ai appris à répondre : « Même si je le savais clairement, même si j'en étais sûre, ce ne serait jamais que *ma* solution. C'est vous qui aurez à vivre la suite. Aussi mon travail est de vous aider à trouver celle qui sera *la vôtre,* la meilleure pour vous et pour ceux qui, avec vous, sont concernés. »

Elle ne savait rien de la théorie de la relation d'aide préconisée par Rogers[1] ou Mucchielli[2], la petite Sarah. Mais avec la logique de l'adolescence, elle avait assimilé — à quel prix ! — ce qui la justifie.

Sans doute ai-je mis quelque temps à l'admettre, mais je me souviens encore de son calme, de ce sourire qui ne pouvait qu'être alors de certitude.

Quand je fus à la porte, elle me rappela : « Je vous écrirai quand je serai rentrée, ou plus tard... Si vous ne recevez rien, il ne faudra pas vous étonner, c'est seulement parce que je n'aime pas écrire. Mais, *vous savez,* vous ne me reverrez pas au centre maternel. »

Et comme si les paroles ne suffisaient pas, comme pour me convaincre davantage, elle pointait en l'air son index. Il battait comme un métronome marque le temps, efficace, rigoureux. Je pus répondre :

« Oui, je le sais, Sarah... »

Car elle m'avait fait partager sa certitude.

---

1. *Op. cit.*
2. *Op. cit.*

Marie-Ange ou les comptes à régler

Lorsque l'agir remplace la parole, il ne contribue pas à la maturation de la personnalité, ce ne sont pas les expériences qui sont formatrices mais ce qu'on en fait. Elles peuvent contribuer à la construction de la personnalité ou bien elles se succèdent pour se fuir.

Tony ANATRELLA [1].

Le diagnostic est tombé, formel, immuable : grossesse de vingt-huit semaines. Et Marie-Ange n'a pas quatorze ans.

Au téléphone, sa mère expose en quelques phrases la situation à laquelle elle et son mari n'arrivent pas à croire. « Il faudrait nous recevoir rapidement. Le centre de planification nous a donné votre adresse. Marie-Ange est catégorique : "Je le mettrai au monde mais je ne veux pas le garder." »

La voix exprime un total désarroi.

Alors ils sont venus en famille. Les parents de Marie-Ange ont tous deux une profession libérale. Son père a l'habitude des affaires rondement menées. Mais il est visible que la maîtrise de cette affaire-là lui échappe totalement. La mère est belle, élancée, élégante. Elle pleure beaucoup en racontant les faits et interrompt à plusieurs reprises le récit de « ce qui leur arrive » avec la même phrase : « Non, je n'arrive pas à y croire. »

J'observe Marie-Ange assise entre eux deux. Elle se tient raide sur sa chaise, regardant droit devant elle. Je sens qu'elle a beaucoup à dire elle aussi, mais qu'elle ne le fera pas maintenant. Pas devant eux en tout cas.

Elle a encore l'allure d'une petite fille : un mètre cinquante à peine, rose et blonde. Sa grossesse n'est pas évi-

---

1. *Adolescence au fil des jours, chroniques et paroles des maux d'adolescents*, Le Cerf, 1991.

dente. Tout au plus la trouverait-on boulotte. Avec son pull trop grand, engoncée dans un gros anorak, elle accentue encore la différence avec sa mère, comme pour s'en démarquer. Exprès ?

« Et puis, comme à cet âge on mange toujours trop ou pas assez », commente celle-ci qui trouve peut-être là une excuse à son manque de perspicacité.

Il est vrai qu'après maints reproches mal accueillis, voyant sa fille vraiment enrobée, elle l'avait conduite chez le médecin de famille qui l'avait connue « toute petite ». Il avait approuvé la démarche et, paternel, avait gentiment grondé Marie-Ange :

« Regarde un peu à quoi tu ressembles. D'accord, tu es sans doute constipée mais bien musclée », avait-il conclu, conciliant, en tâtant son ventre dur avant de lui prescrire un régime.

La mère, quand elle vit sa fille allongée sur le lit d'examen, fut soudain prise d'un doute affreux. Elle essaya de se rassurer, de tenter comme le médecin de refuser l'impensable, mais dès cet instant entreprit de savoir ce qu'elle n'osait demander à sa fille. Elle n'eut pas de mal à découvrir dès le lendemain le journal sur lequel Marie-Ange écrivait de temps en temps quelques lignes. Celle-ci l'avait mal caché sous son matelas, sachant bien que seule sa mère faisait son lit quand elle était en retard pour partir au lycée — où d'ailleurs elle continuait à exceller au volley-ball...

La mère précisa aussi qu'elles avaient eu quelques problèmes au printemps précédent : des reproches un peu vifs à sa fille parce qu'il y avait eu à la maison une « boum », qui « s'était mal passée ». On n'en disait pas plus.

Marie-Ange avait mal accepté les reproches et avait même fugué deux jours chez des amis. On ne s'était ensuite plus parlé pendant quelque temps...

C'est la mère qui avait « raccroché » sur les conseils du médecin, confident en même temps que conseiller.

Marie-Ange révélait aussi dans son journal que ces rares moments d'intimité — peut-on dire cela ? — aux conséquences tragiques, elle les avait passés avec Éric, le fils de seize ans des meilleurs amis de ses parents. C'était un peu sa mère qui le lui avait choisi et qui d'ailleurs semblait vaguement s'en culpabiliser. Elle se voulait une mère jeune, compréhensive et moderne. De plus, c'était rassurant de savoir avec qui sa fille sortait. Éric, on l'avait même emmené en vacances en famille l'été précédent. « C'était d'ailleurs assez pénible parce qu'ils se disputaient tout le temps. »

Était-ce parce qu'ils se sentaient un peu responsables que les parents n'avaient pas accablé Marie-Ange après avoir découvert la vérité ?

On s'était précipité au centre de planification avec l'espoir d'obtenir une IVG. C'est là que le diagnostic était tombé : vingt-huit semaines, plus ou moins dix jours. Et parce que Marie-Ange avait affirmé : « Je ne veux pas le garder et je ne veux surtout pas qu'Éric le sache ! », on avait parlé au Planning de la possibilité d'accouchement « sous X » et d'abandon.

Il me semblait que les parents n'avaient pas beaucoup discuté ce choix. « Puisqu'elle ne le veut pas ! Si au moins elle l'avait dit plus tôt... »

Devant l'impossibilité d'obtenir une IVG, ils demeuraient totalement démunis, inaptes à envisager autre chose. Il est vrai qu'ils travaillaient tous les deux et que c'était déjà la grand-mère qui s'occupait de la dernière petite sœur.

Je sus plus tard que Mme G. avait subi elle-même une IVG quelque deux ou trois années plus tôt.

Sur qui, sur quoi pleure-t-elle aujourd'hui ? Sur son échec à surveiller la sexualité de sa fille, sur le manque de confiance entre elles, sur ce bébé qui mobilise sa fibre maternelle encore mal cicatrisée — n'avait-elle pas éprouvé le besoin de parler de son IVG à elle... ?

Elle répète encore : « De toute façon, elle ne le veut pas, elle ne veut surtout pas le voir à la naissance... »

C'est comme si elle-même, après cette phrase définitive, ne voulait plus rien savoir de ce bébé.

S'en défend elle ?

Jusque-là, le père a écouté en approuvant de la tête les propos de sa femme. On le sent inquiet, préoccupé pour sa fille, mais aussi pressé de trouver une solution au problème actuel. Il veut être concret.

Des éléments de solution sont mis en place. Un foyer

d'étudiantes accepte d'accueillir Marie-Ange qui accouchera ainsi « sous X » loin de chez elle. L'avenir du bébé, l'adoption sont évoqués.

Les parents sont sincèrement soulagés de savoir que cet enfant qui est venu bouleverser la famille est impatiemment attendu quelque part. À ce moment-là seulement, le père regarde sa fille avec affection, tend la main vers elle et caresse ses cheveux ébouriffés. Comme s'il pouvait se permettre enfin de montrer sa tendresse. À son tour Marie-Ange le regarde et ses yeux, pour la première fois au cours de ce long entretien, se remplissent de larmes.

Tout semble dit ce jour-là. On me donnait le relais puisque le Planning l'avait conseillé et que décidément on n'arrivait pas à y croire !...

Plus tard et juste avant de venir s'installer pour attendre la naissance, Marie-Ange écrira dans le fameux journal qu'elle ne cache plus ce qu'elle ne peut sans doute exprimer de vive voix :

« J'ai des parents formidables. » Phrase bien gratifiante pour eux.

Il nous fallait maintenant mettre à profit les quelques semaines qui nous séparaient de la naissance.

J'avais si peu entendu la voix de Marie-Ange ! Nous décidâmes qu'elle viendrait seule rencontrer le gynécologue, passer les examens *in extremis,* puisque cette grossesse n'avait pas été suivie.

Seule, c'est-à-dire comme une grande. Elle prendra le train, sans sa mère dont l'accompagnement dans un tel contexte ne pouvait être d'aucune aide. Celle-ci avait d'ailleurs été très soulagée quand je lui avais proposé d'être son substitut, de la remplacer auprès de sa fille dans les démarches au laboratoire, à la maternité. Et Marie-Ange avait approuvé de la tête.

Ces derniers mois, Marie-Ange les a vécus dans le désarroi : la peur que l'on sache, mais aussi le désir de n'être plus seule à savoir. Ce bébé, elle ne l'a pas consciemment désiré. Elle ne le veut pas mais elle ne lui en veut pas non plus. Il n'a pas de place auprès d'eux. « Je suis trop jeune, dit-elle, je dois me préparer à entrer en troisième. »

Elle me raconte qu'elle a eu trois rapports avec Éric, « chaque fois après qu'on ait fait la fête ». Trois mois de suite, une fois par mois. Par rapport à la date de ses règles et à une ovulation qu'elle croyait avoir bien calculée d'après les informations reçues au lycée l'année précédente (le professeur de sciences avait organisé quelques réunions sur la sexualité), elle ne craignait aucune conséquence. Elle avait aussi retenu que l'IVG était possible et cela l'avait rassurée « au cas où... ».

Elle s'était seulement un peu inquiétée après ces rapports, mais les règles étaient arrivées, régulières, pendant trois mois. Ce cas n'est pas exceptionnel. Les premiers mois de grossesse peuvent s'accompagner de pseudo-règles tout à fait rassurantes.

Ce furent les mois suivants qui alertèrent Marie-Ange, mais comme elle n'avait plus eu de rapports, elle se rassura et s'efforça de ne plus y penser. Elle ne pouvait pas imaginer être enceinte.

Elle ne me parlait pas d'Éric. Quand je m'assurai de sa volonté de ne rien lui révéler, évoquée par sa mère, elle en donna la raison : « Il serait bien capable d'en être fier... et puis je n'ai plus rien à vivre avec lui maintenant. »

J'insistai : « Alors ce n'est pas parce que vous l'aimiez que vous avez eu des relations avec lui ? »

Elle me regarda, ses yeux bleus pleins d'étonnement. Le mot lui semblait incongru. Il ne convenait pas à ce qui s'était passé entre eux. Et puis : « C'était chaque fois après qu'on ait fait la fête... » comme si de telles circonstances aidaient au passage à l'acte. De plus, il avait été dur avec elle. Il s'était moqué. « Tu manges trop, gourmande, regarde un peu comme tu grossis, comme tu deviens moche... »

Et puis, ce n'était pas elle qui l'avait choisi ; avait-elle eu seulement le temps de tomber amoureuse ? La mère de Marie-Ange avait en quelque sorte fait intrusion dans la vie sexuelle de sa fille. Je n'étais pas loin de penser qu'inconsciemment celle-ci lui avait montré sa dramatique erreur. Peut-être se serait-elle contentée d'avoir avec Éric des rapports sexuels sans conséquence, sa tentative de contraception tendrait à le prouver. Il lui aurait suffi que sa mère le sache, peut-être la désapprouve et s'inquiète pour elle. Mais l'enfant était là.

Autre chose se jouait entre elles : cet enfant, elle ne voulait pas non plus le donner à sa mère. Se séparer de son enfant, n'était-ce pas un désir inconscient de se séparer de sa mère ? La rivalité pouvait-elle, aussi, être évoquée ? Cette mère jeune et belle allait devenir... grand-mère.

Marie-Ange était devenue femme à son tour. Il ne m'appartenait pas de favoriser leur rapprochement au moment de cette naissance puisqu'elles semblaient ne le souhaiter ni l'une ni l'autre.

« Rien à signaler, dit la gynécologue, tout s'annonce bien. »

Les vacances scolaires allaient permettre à Marie-Ange de quitter le lycée et la maison sans que son absence paraisse suspecte. Pour tout le monde, elle allait passer des examens médicaux afin de venir à bout de cette boulimie, de ce début d'obésité auquel on avait bien fini par croire à force de le faire croire.

Quand nous nous sommes retrouvées seules, elle me dit : « Madame, j'ai peur de l'accouchement... » Elle parlait peu, mais chaque mot était important. Il en fallait peu aussi pour qu'elle comprenne l'essentiel.

Quand j'ai proposé d'aller la rejoindre à la maternité le moment venu, elle accepta, simplement, soulagée. Il y avait déjà moins d'angoisse dans son regard. Elle saisit très vite la dynamique de l'accouchement, comment chaque contraction allait être un temps fort à utiliser pour aboutir à la mise au monde.

Comme toutes les jeunes femmes à qui je l'ai volontiers racontée, elle fut amusée par l'histoire de la jeune Italienne :

« J'étais de garde cette nuit-là à la maternité et tout était calme. Cinq, six jeunes femmes attendaient patiemment, comptant les minutes qui réglaient leurs contractions. Et puis tout à coup des cris stridents rompirent le calme. Je me précipitai auprès d'une jeune femme qui accouchait pour la première fois.

« — Que vous arrive-t-il, vous souffrez beaucoup ?

« — Non, mais ma mère m'a toujours dit qu'elle avait

tant crié pour me mettre au monde. Moi, j'en ai assez d'attendre, je voudrais bien qu'il arrive, alors je crie aussi fort que je peux... »

Marie-Ange se met à rire, détendue. Elle comprend très bien qu'en se cramponnant aux barreaux du lit, bras levés, en criant fort, on fait remonter et le diaphragme et le bébé, alors qu'on peut utiliser ce diaphragme pour pousser l'enfant. Elle comprend comment il faut alors respirer parce que cette respiration profonde entre les contractions apporte de l'oxygène à elle et au bébé.

« Car lui aussi va travailler, vous le sentirez pousser avec ses pieds, sa tête, quand il voudra sortir. La sage-femme aussi fera tout pour vous aider. Elle ne sera peut-être pas toujours là mais je resterai auprès de vous. À la fin elle ne vous quittera plus, ce sera un moment très intense et le bébé lui-même saura que sa venue au monde est imminente. »

Marie-Ange écoutait avec beaucoup d'attention et, sans même s'en rendre compte, s'essayait déjà à respirer profondément. Elle savait qu'elle aurait à choisir de voir ou non ce bébé. Elle avait répondu « non », mais devant sa mère...

« Il faudra encore y réfléchir, Marie-Ange, on en reparlera. »

Elle fut contente de savoir qu'elle aurait deux ou même trois prénoms à donner au bébé.

Elle ne répondait jamais tout de suite, souvent avec un petit signe de tête. Mais je savais que notre conversation allait cheminer et que nous pourrions la reprendre.

« Que voulez-vous encore savoir aujourd'hui, Marie-Ange ?

— C'est bon, c'est assez.

— Avez-vous encore peur ?

— Non, maintenant, ça va... »

Un matin, de bonne heure, on m'appelle de la maternité. Je trouve Marie-Ange calme, grave, comme prête à vivre quelque chose d'important.

Elle me raconte :

« Je me suis réveillée vers trois heures ce matin. J'avais un peu mal au ventre, comme si j'allais avoir mes règles. Vous me l'aviez dit. J'ai bien respiré, j'ai attendu, je me suis même rendormie. Vers six heures, les contractions ont commencé, très rapprochées, alors l'infirmière du foyer m'a tout de suite amenée ici. »

Tout se passe normalement. La jeune sage-femme vient régulièrement, lui explique la progression rapide de la dilatation. Marie-Ange respire profondément, et je sens que je règle ma respiration sur la sienne. Puis elle sur la mienne. De temps en temps les muscles de son visage se tendent et je sais qu'une contraction arrive. Nous la vivons ensemble et elle retrouve rapidement son calme.

« Vous avez réfléchi, Marie-Ange. Le bébé sera bientôt là. Désirez-vous le voir ? Qu'en pensez-vous aujourd'hui ?

— C'est toujours non, mais je veux savoir si c'est un garçon ou une fille. »

Cela me semble une curiosité de petite fille. Elle veut bien l'avoir, ce bébé, mais ne pas le *voir.* Ne pas le *connaître* puisqu'elle ne va pas le *reconnaître* comme le sien.

Il faut penser à l'avenir et j'avance une objection :

« Qui souhaitez-vous mettre au monde aujourd'hui : une fille, un garçon ? »

Sans hésiter elle dit : « Une fille. »

« Alors, supposez que plus tard vous n'ayez que des garçons, ne pensez-vous pas qu'il sera difficile de vous souvenir qu'un jour vous avez eu une fille ? »

Elle attend avant de répondre, me regarde de ses yeux graves. C'est tout un langage, le regard de Marie-Ange !

« Je préfère quand même savoir, et aussi son poids... »

Et elle me dit les trois prénoms qu'elle a déjà choisis. Dans les prénoms de fille il y a celui de sa dernière petite sœur. Celle qui la suit partout et dont elle aime à s'occuper. Mais ce n'est pas le premier choisi.

Dans les prénoms de garçon, il n'y a pas Éric.

Quand une contraction arrive, elle guette la courbe qui se dessine sur l'écran du monitoring et nous la commentons ensemble. Ce n'est sans doute pas orthodoxe (la sage-femme n'y reconnaîtrait pas sa science !) mais du moins Marie-Ange trouve-t-elle de quoi se rassurer sur l'enfant, voir qu'il vit lui aussi. Les pulsations amplifiées lui rappellent qu'il est tout près.

On lui propose une anesthésie péridurale. La gynécologue lui en a déjà parlé, lui a dit que, sans souffrir, elle pourrait quand même suivre son accouchement. Elle refuse cependant et rejette aussi le masque qu'on lui propose au moment où les contractions deviennent violentes. C'est comme si elle ne voulait rien perdre de ce qui se vit, comme si elle tenait à tout mettre en œuvre, pleinement, sans artifice. Et tout cela sans plainte, sans cri. Elle se porte en avant quand la contraction arrive, spontanément pour être plus à même d'en profiter.

Je soutiens ses épaules et son effort.

« Allez-y encore, encore, dit la sage-femme.

— C'est bien, oui, c'est bien, continuez », dis-je en écho.

Et Marie-Ange recommence avec une énergie qui m'émerveille. Une autre sage-femme pénètre dans la petite salle et s'adresse à sa collègue :

« Qu'est-ce qui t'arrive aujourd'hui ? On t'entend du bout du couloir. »

Elles rient et nous aussi.

C'est vrai, cet accouchement n'est pas habituel. La jeune sage-femme a remarquablement compris l'importance de ce qui se joue pour Marie-Ange. C'est aussi la première fois qu'elle officie auprès d'une presque petite fille, qui veut vivre intensément une expérience de femme.

Une sorte de complicité nous unit dans la salle de naissance. Marie-Ange ne se plaint pas de voir le temps passer et de l'inutilité apparente de ses efforts. Il faut bientôt le reconnaître, la progression ne se fait pas normalement. Les sages-femmes se concertent. La tête du bébé, un peu redressée, ne passe pas et elles craignent qu'il commence à souffrir. Comme à regret, elles appellent l'accoucheur et on décide un forceps.

J'explique à Marie-Ange qu'on va l'endormir et pourquoi ; mais que je serai là quand elle ouvrira les yeux.

Elle fait oui de la tête et se laisse tomber sur l'oreiller. C'est plus par soumission que par soulagement. Elle a fait tout son possible.

Paraît une petite fille de trois kilos cinq cent vingt.

La sage-femme me la montre avec une sorte de fierté. L'anesthésiste, lui, est visiblement malheureux. Il n'a jamais été confronté à ce problème et refuse de l'admettre. Peut-être a-t-il une fille de cet âge ? Il insiste :

« C'est un si beau bébé. Elle va le garder, n'est-ce pas ?

— Non, sûrement pas. Elle sait pourquoi elle ne le fera pas. Et puis, elle n'a pas quatorze ans... »

Au réveil j'annonce à Marie-Ange qu'elle a mis au monde une belle petite fille. Et d'un bon poids.

« Alors elle pèse vingt grammes de plus que moi ! Et moi aussi je suis née par forceps, ma mère me l'a dit. »

Elle s'identifie à ce bébé, mais elle a fait mieux que sa mère... à vingt grammes près.

« J'ai téléphoné à votre mère pour lui donner de vos nouvelles mais je ne lui ai pas révélé que le bébé est une petite fille car je ne savais pas si vous souhaitiez que je le fasse, nous n'en avions pas parlé. Elle ne me l'a pas demandé mais de toute façon elle ne l'aurait pas su par moi. »

La situation de Marie-Ange est si ambiguë. La dynamique du « devenir femme » consiste à se dégager de sa mère. Encore faut-il permettre à Marie-Ange de se repérer dans son nouvel état sans pour autant faire violence à cette mère dont elle va avoir encore besoin. En même temps, j'avais senti dans le comportement de Marie-Ange comme un désir de mise à distance par rapport à sa mère, que je me dois de respecter. Elle dit alors :

« Je le lui dirai à elle... un jour.

— Si votre mère le sait, sans doute votre père l'apprendra-t-il aussi... »

Elle sourit :

« Oui, ils le sauront tous les deux... mais plus tard. »

Et je lui dis combien j'ai admiré la façon dont elle a conduit cette mise au monde, le courage qu'elle a montré. Elle en est fière.

Le lendemain je la trouve calme, reposée. Il n'y a plus de chambre à un lit dans le service. Elle partage la sienne avec une jeune femme qui semble très fatiguée et à qui on amène son bébé seulement de temps en temps.

La mère de Marie-Ange a téléphoné et pense que ce doit être pénible pour sa fille de voir cet autre nouveau-né... Mais Marie-Ange n'en souffre pas. Elle me l'affirme. Elle s'inquiète beaucoup pour cette jeune mère qui semble aller mal. « Et puis ce n'est pas le mien », ajoute-t-elle. Elle me dit aussi qu'elle se sent tout à fait bien mais qu'elle a mal aux bras, aux épaules.

« Alors je vais vous avouer quelque chose, Marie-Ange : moi aussi, et en plus aux mains car vous me les serriez très fort. »

Elle a un grand sourire complice. Nous n'avons pas que des choses graves à échanger.

Le troisième jour après la naissance, on vient lui faire signer les documents par lesquels elle cède ses droits maternels et demande que son enfant soit adopté. Elle me l'annonce très simplement et insiste sur un point qui est pour elle très important :

« Je suis contente : on lui a donné des parents jeunes parce que je suis jeune. Je voudrais qu'elle soit très vite avec eux... »

L'avenir de l'enfant, sa place dans une famille lui importe beaucoup, et elle traduit ainsi le vrai sens de l'adoption : donner des parents *à un enfant* et non combler *avec un enfant* le vide douloureux que ressent un couple infertile.

Il faut aussi lui parler d'elle. Elle, maintenant, aujourd'hui, et demain... Je renouvelle le geste que j'ai fait quelques semaines auparavant pour l'aider à ressentir les mouvements de son bébé en rappelant ce que la gynécologue avait présenté en termes techniques et qu'elle me disait n'avoir pas très bien compris. « Là, la tête, le dos de ce côté, cet arrondi bien régulier que vous sentez... et les mains, les genoux, les pieds qui se manifestent quand vous vous allongez et qu'il y a un peu plus de place... » À ce moment-là elle *le* voyait aussi dans son ventre et elle *le* sentait vivre en elle. L'abandon est un projet d'avenir pour l'enfant. Il faut le faire exister, ce bébé, l'intégrer, disent les psychologues. Marie-Ange n'est allée qu'au seuil de la maternité.

Aujourd'hui je mets à nouveau ma main sur elle, sur son ventre étrangement plat déjà :

« Et vous, Marie-Ange, vous êtes bien maintenant... ? »

Plus précisément parce qu'il faut en prendre conscience aussi : « Pas trop vide ?... »

Ses yeux bleus de nouveau me regardent bien en face et elle répond simplement : « Non. »

Lorsque nous sommes seules, je la sens adulte déjà, responsable d'elle-même, de ce bébé dont elle a choisi l'avenir.

Un problème se pose : celui d'une éventuelle contraception.

Le premier réflexe devant une grossesse d'adolescente est de la protéger, de la munir d'une prescription afin de ne pas lui laisser courir un nouveau risque. J'ai trop souvent rencontré ces jeunes, embarrassées d'une ordonnance qu'elles ressentent comme une réponse inadéquate à leur problème. Une telle prescription, lorsqu'elle n'est pas demandée, risque d'être entendue comme un jugement, voire une punition : « Puisque c'est ainsi, tu prendras la pilule ! »

Dans d'autre cas, je l'ai aussi constaté, un tel comportement est interprété comme une incitation, voire la normalisation d'un comportement sexuel ne correspondant pas au désir, aux aspirations de celle qui est concernée. Et il y aurait là beaucoup à dire. Il faut aussi évaluer une demande qui ne peut être qu'une provocation : « C'est bien ainsi que vous me voyez, n'est-ce pas ? » ou : « À mon âge, n'est-ce pas, c'est bien normal ? »

Une ordonnance qui, de plus, a le tort d'être un écrit (comment en serait-il autrement ?), que l'on gardera dans ses affaires, dans son sac, dans son tiroir, rappellera à bon escient, peut-être, mais aussi à contretemps, la façon dont elle a été perçue lorsqu'elle a été remise. On voudrait que soit toujours précisé : « Au cas où vous en auriez besoin », qui laisserait la place au choix de celle qui la reçoit. Il faut avoir entendu : « Puisque je suis à la pilule, il faut bien l'amortir... » pour réclamer la plus grande prudence avec les adolescentes.

Ne conviendrait-il pas de se poser chaque fois la question : « Qui veut-on protéger ? qui veut se protéger ? l'adolescente, sa mère, son ami... ou le prescripteur ? » Peut-on penser que le désir d'enfant a été le moteur de cette grossesse ? Ne serait-il pas plus juste de parler du fantasme d'avoir un enfant, si présent dans l'esprit de toute adolescente ?

Le professeur Michel Soulé[1] nous éclaire : « Le fantasme le plus profond de l'enfant, quel que soit son âge, c'est d'obtenir le pouvoir de faire un enfant, c'est-à-dire de posséder le pouvoir du couple et en tout cas celui de la mère. »

Il y avait une situation trop conflictuelle entre Marie-Ange et sa mère pour que l'on n'agisse pas avec la plus grande prudence. Quelle était la signification inconsciente de cette grossesse ? Marie-Ange elle-même ne sait pas pourquoi elle s'est trouvée enceinte sans apparemment l'avoir souhaité —, en ayant même tenté de l'éviter. Elle n'a fait cet enfant ni « pour » ni « avec » Éric, à qui elle refuse même le droit de le savoir. Il n'a été que le moyen de parvenir à exprimer quelque chose à sa mère. Elle avait consciemment le projet d'échapper à la période féconde de son cycle..., mais on connaît aussi la signification des oublis de pilule, de l'intolérance systématique à la contraception mécanique, des allergies au préservatif...

Comment éviter de se poser la question : « Que voulait dire Marie-Ange à sa mère avec cet enfant qu'elle refusait énergiquement de lui donner ? » N'oublions pas non plus que Marie-Ange n'a pas souhaité interrompre cette grossesse. Elle en avait pourtant reçu l'information. Elle a conduit cette grossesse en même temps que sa vie de lycéenne. Elle s'a pas subi son accouchement, même si avant de l'exprimer elle le redoutait. Elle l'a remarquablement maîtrisé. Elle a voulu en vivre pleinement l'épreuve. C'était important pour elle. Il ne s'agissait cependant ni d'autopunition, ni de désir de rachat par la souffrance, voire d'un certain masochisme.

Lorsque je lui eus demandé : « Quel souvenir garderez-vous de votre accouchement, Marie-Ange ? », elle me répondit sans hésitation : « Un bon souvenir ! »

Elle n'a pas voulu voir ce bébé, peut-être pour garder la possibilité de l'imaginer comme elle le voulait. Elle lui a donné un nom, sachant qu'elle ne le nommerait jamais de vive voix, mais qu'elle le répéterait pour elle seule, dans sa

1. *La Dynamique du nourrisson*, ESF, Paris, 1982.

tête, pourquoi pas aussi dans son cœur. Sans doute va-t-elle materner davantage sa petite sœur dont le prénom parfois peut-être prêtera à confusion...

Sans doute encore Marie-Ange a-t-elle mieux accepté le départ pour *ailleurs* de son enfant, parce qu'elle avait prémédité ce don, qu'elle ne refusait pas de projeter dans l'avenir l'image du bébé avec des parents jeunes. Cette image la satisfaisait. Puisque cet enfant elle ne l'avait fait ni pour *le voir,* ni pour *l'avoir...*

Marie-Ange en sait plus que nous sur le sens de cette grossesse qu'elle a vécue, du moins dans les derniers temps, comme l'un des moments les plus importants, les plus graves de sa vie de femme. Mais la conception de cet enfant a été escamotée.

Sur la contraception, elle s'exprimera en peu de mots, comme elle sait le faire : « Oui, je sais, mais je n'en ai pas besoin, j'ai autre chose à faire maintenant... »

Il fallait, avant qu'elle ne parte, aborder un autre sujet. Après lui avoir témoigné l'admiration que j'avais ressentie pour son courage, j'ai ajouté, avec tout ce que cela impliquait : « J'ai été heureuse de vous connaître, Marie-Ange. » Elle a répondu simplement : « Moi aussi. » Pour elle, si sobre dans son expression, c'était beaucoup dire.

Ce temps d'accompagnement avait été important et j'avais tâché de bien le conduire. Il me restait encore à aider Marie-Ange à se situer dans l'avenir, à un autre moment important de sa vie.

Nombre de femmes, je le sais, ne parlent pas à leur conjoint d'une IVG subie à l'adolescence [1]. Elles invoquent la banalité pour justifier qu'il est superflu d'en faire part à un compagnon éventuel, se préservant ainsi d'une réaction possible et imprévisible.

Marie-Ange porte sur son corps, son ventre, ses cuisses, de profondes vergetures, traces indélébiles de sa grossesse. Elle les a remarquées, bien sûr. Un jour elles s'imposeront et le non-dit ne sera pas possible. Pas d'alibi, pas d'explica-

1. 30 000 IVG par an pour des moins de dix-huit ans et 3 000 jeunes de moins de seize ans accouchent de leur premier enfant. *Le Quotidien du médecin,* supplément du 3 avril 1992.

tion, pas de mensonges à construire et à maintenir... À cette réalité elle sera confrontée et je dois l'avertir :

« Marie-Ange, ce secret de la naissance, il sera bien gardé, autant du moins que vous le désirez, vous l'avez voulu ainsi. Il est cependant quelqu'un avec qui il faudra un jour le partager... plus tard. »

Elle semble comprendre, mais je ne crains pas d'être claire, de faire mal :

« L'homme avec qui un jour vous aurez décidé de partager votre vie, vous aurez à le lui dire... »

Comme si elle y avait déjà pensé, elle fait oui de la tête et c'est elle qui conclut d'une voix basse : « Je sais... »

Elle a encore du temps pour s'y préparer.

Parce que j'ai été témoin de cette naissance, de cette tranche de vie, Marie-Ange peut mieux assumer la rupture avec sa mère, se dégager de son identification. Quoique étant l'aînée, avec sa mère, elle peut être encore sa petite fille. La petite fille inconsciente qu'elle n'a peut-être pas été suffisamment, qui est passée trop vite sur l'autre bord : le monde adulte. Avec sa mère, que je rencontre auprès d'elle le même soir, elle peut encore régresser, exiger. Elle ne s'en prive pas : « Tu seras bien là à dix heures demain matin pour me ramener à la maison et, je te l'ai dit, n'oublie surtout pas de m'apporter Micha. »

Nous restons seules encore un moment.

« Et, qui est Micha ? »

Elle rit franchement :

« Mon petit chat. Il ne me quitte pas... »

Marie-Ange ne veut pas partir de la maternité les bras vides. Instinctivement elle le sent, il lui faudra demain tenir contre elle quelque chose de chaud, de vivant.

Liliane et le père innommable

Mon tout petit qui n'es pas encore né, je sens tes petits pieds qui cognent mes flancs. Mon tout petit qui n'es pas encore né [...] tu es impatient de naître, tu donnes des coups de pied, mais tu devrais mourir. Tu devrais mourir car tu es un enfant sans père...

Anaïs NIN[1]

Son âge, je l'ai oublié – douze ans, peut-être treize... Pas son visage rond et rose de petit enfant, ce ventre énorme, ce corps de femme. Mais aussi ce sourire resté doux et enfantin. Elle disait, au foyer : « Lui, c'est un camarade de classe, dans le car de ramassage scolaire... » En même temps, on entendait comme : « Mais ce n'est pas vrai, ça ne s'est pas passé ainsi, ne me croyez pas... » Toute sa famille venait la voir souvent, trop souvent. La mère l'entourait de soins, d'attentions excessives.

L'équipe du centre maternel supportait mal le comportement du père qui affichait l'image de l'honneur familial blessé, mais multipliait les manifestations de tendresse que le frère aîné imitait gauchement.

Tout cela était si ambigu, si inquiétant, que très vite l'ombre de l'inceste avait plané sur les réunions où nous essayions d'aborder le cas de Liliane. La peur aussi était présente, à cause de cet air d'autorité menaçante dont le père usait parfois. La directrice en avait un jour terminé la réunion par ces mots : « Et n'oubliez pas que nous sommes tous liés par le secret professionnel. »

Paroles d'angoisse dont pourtant elle n'était pas coutumière. Car elle savait bien, comme chacun de nous, que la non-assistance à personne en danger nous menaçait légalement tous : que le secret professionnel peut être rompu

1. *Les Miroirs dans le jardin*, Stock, 1972.

pour dénoncer les violences à enfant, voire pour dénoncer un viol : que l'on doit le faire lorsqu'on a connaissance d'un crime... Mais nous ne pouvions rien prouver. Et le temps passait.

J'avais rencontré ce jour-là le groupe des plus jeunes et nous avions abordé la sexualité. Notre échange nous avait amenées à marquer la différence entre un « acte sexuel » et une « relation sexuelle ». Le côté technique dans le premier cas, le sens des gestes, hors de tout sentiment, la seule recherche du plaisir. L'affectivité, le désir de lien, l'expression d'amour dans l'autre...

Il était prévu, et tout à fait habituel, que l'une ou l'autre quitte le groupe quand elle en avait envie, quand elle avait peut-être son compte de réflexion. Il arrivait aussi que l'échange se poursuive encore un temps. Parfois longtemps. Surtout sur un sujet qu'elles aimaient aborder.

Une stagiaire qui avait suivi la réunion me fit signe qu'il était tard. Elle semblait étonnée que je ne tente pas d'abréger, de conclure. Elle ne voyait pas le visage de Liliane qui bientôt demeura seule en face de moi.

Elle était assise, les deux coudes sur la table, les joues reposant sur ses mains ouvertes, comme un enfant passionné par une belle histoire. Dans ses yeux passait une expression que je ne pouvais analyser. Je me contentai de baisser le ton, de ralentir le débit en reprenant les termes simples et forts qui semblaient la captiver.

Puis ce fut elle qui parla. Presque comme si elle était seule, presque à elle même : « Alors... alors... on a tout abîmé l'amour... »

Il y eut un moment de silence, une sorte de soulagement. Et je me tus. Elle me regarda, me donna son sourire de petite fille si plein d'ingénuité et, sans hâte, quitta à son tour la pièce, soutenant de ses mains son ventre trop lourd.

Je pus alors expliquer à la stagiaire qui m'avait rappelé l'horaire : « Si vous aviez vu le regard de Liliane, tout ce qu'il s'y passait, vous auriez compris que je ne pouvais pas interrompre le cours de sa réflexion. C'était comme un moment privilégié. »

Le soir même, au foyer, Liliane parla. Avec une grande révolte en même temps qu'une bienfaisante détente, me rapporta l'éducatrice. Elle put dire, sans qu'on la presse de questions, ce qu'elle s'efforçait de cacher depuis tant de mois. Ce qu'elle aurait pu taire encore. Combien de temps ?... Ce même soir, elle parla de « ce salaud qui l'avait mise enceinte... ».

C'était son père.

On pouvait maintenant reconnaître chez Liliane les blessures physiques et morales insupportables exercées sur un être incapable de se défendre. Nous pouvions mesurer ce dérèglement morbide des liens d'affection qui unissaient ce père et sa fille. Nous pouvions désigner la connivence des proches, et surtout de la mère, si souvent complice, chez laquelle les spécialistes repèrent un « défaut d'attachement entre elle et sa fille », dit J. Bigras [1].

L'enfant de Liliane est mort à la naissance, sans que l'on comprenne pourquoi ni comment, « un si beau petit garçon... » Et c'est ici que vous saurez pourquoi je l'ai appelée Liliane : son histoire, je la portais douloureusement en moi, comme d'autres que je vous relate. Et sans doute aussi à mon insu, puisque ce sont les pages bouleversantes d'Anaïs Nin qui m'ont immédiatement évoqué sa figure, comme métamorphosée.

« Un soir, dans sa chambre envahie par l'obscurité, Liliane parla à l'enfant qui bougeait en elle :

« Mon tout petit qui n'es pas encore né, je sens tes petits pieds qui cognent mes flancs. Mon tout petit qui n'es pas encore né, il fait très sombre dans la chambre dans laquelle nous sommes assis, toi et moi, il doit faire aussi très sombre pour toi, à l'intérieur de moi, mais l'obscurité t'est sans doute plus douce à toi qui dors bien au chaud, tandis que je cherche dans cette chambre noire la joie de ne pas savoir, de ne pas sentir, de ne pas voir, la joie de l'immobilisme dans la chaleur la plus douce et l'obscurité la plus noire. Tous, nous sommes à la recherche de cette chaleur-là, de cette obscurité-là, de cette manière de vivre sans souffrir, sans connaître l'angoisse, la peur ou la solitude. Tu es impatient de naître, tu donnes des coups de pied, mais tu devrais mourir. Tu devrais mourir dans la chaleur et dans la nuit, tu devrais mourir car tu es un enfant

1. « Le transfert incestueux », in *Psychiatries,* n° 78, 1987.

sans père. Tu ne le trouveras pas sur cette terre ce père, immense comme le ciel, assez grand pour porter en lui ton être tout entier et tes craintes, plus grand que la maison ou que l'église. Tu n'auras pas de père pour te couvrir de sa grandeur et de sa chaleur. Ce serait mieux pour toi de mourir à l'intérieur de moi, pendant que tu es bien au chaud. » L'enfant l'entendait-elle ? Elle fit une fausse couche à six mois. »

Pour Liliane, la nôtre, la justice était déjà en route. Il y eut signalement, interrogatoires, procès, jugement, articles de presse, condamnation du père. Pour elle, une mesure éducative de placement.

Si l'on tente le plus triste des bilans, on retrouve une petite fille gravement culpabilisée, traumatisée à vie. À cause d'elle, ce père, ce chef de famille « respectable » est en prison. Du foyer où elle est placée, elle a demandé – et obtenu ! – un droit de visite pour le « consoler » de l'avoir dénoncé.

Coupable aussi, la petite Liliane, d'avoir frustré sa mère de ce bébé par procuration, dont elle avait accueilli l'annonce de la mort « avec des hurlements de douleur », me rapporta-t-on.

La petite Liliane avait seulement eu beaucoup de chagrin parce que le bébé était mort. C'est tout ce qu'elle s'était permis d'exprimer.

L'incarcération du père aboutit toujours à un traumatisme dont la petite victime fait encore les frais. Ce qui conduit certains médecins et les services sociaux à traiter ces cas sans avoir recours à une action judiciaire [1] — ce qui n'exclut pas bien sûr des mesures rigoureuses garantissant l'éloignement et la prise en charge morale et psychologique de l'enfant blessée.

J'aurais tellement préféré cela pour Liliane.

Je ne sais pas ce qu'il advint d'elle. Je ne le saurai jamais. Là où je l'ai quittée, tout s'annonçait mal. Il y avait pourtant dans son regard de petite fille quelque chose d'inentamé qui laissait tant d'espoir.

---

1. J.-P. Chartier, « L'inhibition de l'inceste », in *Le Concours médical*, 6 mai 1989.

Si j'ai raconté son histoire, c'est parce que je sais que l'inceste, comme la prostitution, le viol, fait partie des fantasmes de l'adoption. Un jour ou l'autre, ils me l'ont dit, les parents pensent à cette éventualité. Leur enfant aussi sera peut-être, plus tard, saisi de la même angoisse. Se rassurer en invoquant le pourcentage minime des cas répertoriés n'a aucun sens. Ce serait ignorer la puissance de dénégation dont cette forme défigurée de l'amour est capable. Et je sais aussi d'autres cas où ce détournement « pervers » du sentiment amoureux (au sens psychanalytique et non moralisateur du terme) n'est pas du seul fait du père, ou du frère éventuellement.

L'amour réciproque conduit parfois à l'inceste. Louis Malle avec son film *Le Souffle au cœur* l'a banalisé avec talent en précisant, en son temps, qu'il avait bien conscience « d'avoir tiré le dernier verrou de la morale sexuelle ». Un verrou entre autres...

On ne peut ignorer non plus que le cas existe aussi dans des familles aisées et culturellement développées. La promiscuité n'est donc pas toujours à incriminer. Mais il est curieux de constater combien nous sommes enclins à accuser la misère matérielle dès qu'un comportement nous apparaît hors normes ou particulièrement choquant. L'annonce ou l'arrivée de l'enfant déclenche le drame. Seuls les mensonges accumulés, renouvelés, peuvent alors permettre de sauvegarder une sinistre apparence prolongeant ainsi le gâchis...

Lorsque le tabou de l'inceste est transgressé, et sans aller plus loin dans l'analyse psychanalytique du problème, il faut éloigner définitivement l'enfant d'un tel contexte. Car « l'inceste est socialement absurde avant même que d'être moralement condamnable », dit Claude Lévi-Strauss.

La loi interdit et punit l'inceste. Mais le père qui transgresse cette loi peut ne pas le ressentir comme une violence faite à sa fille. L'un et l'autre peuvent le vivre comme un amour fou. Ainsi l'exprimait cette autre jeune fille à qui on venait cruellement d'arracher l'aveu, alors qu'elle signait son acte d'abandon avec déchirement.

En découvrant les lignes d'Anaïs Nin, j'ai senti aussitôt

se ranimer le souvenir de la petite fille au visage rond et rose, avec ce corps de femme et ce ventre énorme. Et simultanément, toute l'amertume que j'en gardais se dissipa. Et ce prénom de Liliane, qui bien sûr n'était pas le sien, c'est dans ce livre que je l'ai trouvé. Il lui convenait si bien.

L'enfant de Liliane avait choisi de mourir.

Un autre aurait choisi de vivre.

Il est impossible qu'il puisse nommer « papa » celui que sa mère nomme déjà ainsi.

Il faut lui permettre de pouvoir appeler sans restriction « papa, maman », ceux qui le feront grandir. Et que, si un jour le doute les saisit, qu'ils sachent que leur enfant a entendu, transfiguré, le message qu'Anaïs Nin m'a inspiré et que je leur dédie :

« Tu le trouveras sur cette terre ce père. Immense comme le ciel, assez grand pour porter en lui ton être tout entier et tes craintes... Tu auras un père pour te couvrir de sa grandeur et de sa chaleur. »

Sylvie, l'oubli des limites et des repères

Comment ne pas être frappé par le contraste entre le nombre de messages, de sollicitations, informations, images à propos de sexualité et d'érotisme que reçoivent aujourd'hui les jeunes et le peu de propositions, de repères, de paroles d'adultes concernant le vécu de la sexualité ?

Xavier Lacroix[1].

Elle m'aurait accueillie avec des mots aimables comme : « Excusez-moi, madame, de vous avoir dérangée », que cela ne m'aurait pas surprise. Elle s'était levée à mon arrivée, jeune fille polie, réservée, un peu timide peut-être, distinguée dans un manteau bleu marine, des talons plats mais des collants fins, et des cheveux clairs joliment rassemblés en chignon sage.

Mais la phrase prononcée fut celle-ci, sans autre préambule : « Voilà... je suis enceinte. » Avec un petit air désolé, ses mains esquissant un geste d'impuissance.

Sa mère l'avait accompagnée au centre d'orthogénie d'où la conseillère conjugale m'appelait. Depuis la veille, Sylvie avait tout avoué à sa mère, sans doute de la même voix douce et mesurée : « Maman, je vais te faire de la peine, je suis désolée... »

Comme les dates étaient imprécises, elle s'étaient précipitées au centre avec peut-être l'espoir qu'il ne soit pas trop tard. Cette mère, visiblement énergique, jeune encore, faisait face courageusement à un veuvage récent. Elle travaillait dur, tard le soir et souvent une partie de la nuit en centre hospitalier. Elle ne se lamentait pas et me précisa qu'elle n'avait pas accablé sa fille de reproches.

« À mon sens, c'était la première démarche à faire, venir ici, savoir où l'on en était, ce qui était encore possible... »

---

1. *Parler de la sexualité au temps du sida*, ISF, Lyon, 1993.

Contre toute apparence, l'échographie révélait une grossesse de sept mois et demi. Elle me tendait le compte rendu pour confirmer ce qui pouvait paraître inconcevable.

« Elle a quinze ans... Elle ne veut pas le garder. »

Il lui fallait se reprendre. Alors je poursuivis :

« Rien ne nous bouscule maintenant. Nous allons ensemble envisager les solutions possibles. »

Après avoir maîtrisé son émotion, elle continua :

« Le médecin nous a déjà dit que le bébé allait très bien, que la grossesse s'était déroulée sans problèmes et que je n'avais plus qu'à faire comme lui et sa femme, confrontés au même problème : élever l'enfant de ma fille... »

Mme B. avait cependant été choquée :

« C'était peut-être une solution pour eux, mais je ne crois pas qu'elle soit valable pour nous. Quand Sylvie est née, j'ai dû la mettre en nourrice pendant de longues années. C'était notre second enfant et nous devions travailler très dur. Mon fils a six ans de plus qu'elle. Il fait actuellement son service militaire et va ensuite se marier. Sylvie est en troisième ; elle travaille bien. Elle doit poursuivre ses études. Je ne peux pas arrêter mon travail, bien sûr, ni même en changer. Un troisième enfant à charge, et dont je ne pourrai pas m'occuper...

— Mais je ne veux pas... », interrompt alors Sylvie avec fermeté.

La conseillère qui les avait reçues avait déjà parlé « accouchement sous X » et adoption. Sylvie et sa mère ignoraient tout de cette possibilité et elles demeuraient sceptiques. « Vraiment, il aurait une famille ? » questionne encore Sylvie.

Je reprends les explications. J'insiste sur les semaines à venir, qui vont leur permettre de réfléchir encore, et sur ce que nous pourrons aussi faire ensemble si elles le souhaitent. Je précise qu'en cas d'urgence il est préférable qu'elle entre anonymement en maternité.

Nous prenons un prochain rendez-vous avant de nous quitter et déjà je propose d'accompagner Sylvie au moment de son accouchement et de relayer ainsi sa mère auprès d'elle.

« Je vous en serais tellement reconnaissante. Je ne veux

pas qu'elle soit seule à ce moment-là et ce serait pour moi tellement difficile si nous devons nous séparer de ce bébé, comme elle le souhaite... Je ne veux pas risquer de m'interposer...

— Quelle que soit l'heure, je vous promets d'être là. »

Sylvie me sourit...

« Oh oui ! dit-elle encore. J'ai tout de même un peu peur... »

C'est la nuit même que j'eus l'appel au téléphone. « Je crois que Sylvie va accoucher, elle a très mal au ventre... »

Je m'étonne cependant : « Nous sommes encore loin du terme qui vient d'être précisé et Sylvie m'a dit, n'est-ce pas, que la semaine dernière, elle avait encore fait du saut en hauteur au collège, sans que personne l'ait questionnée, et surtout sans conséquences. » Je suggère, essayant d'être apaisante : « Peut-être est-elle un peu bouleversée ; tant de choses en si peu de temps... Mais si la douleur persiste, appelez l'urgence médicale et bien sûr tenez-moi au courant. »

On sent un peu de panique au bout du fil. Dix minutes plus tard, un autre appel :

« Le médecin n'est même pas venu, il m'a conseillé de l'emmener en ambulance à la maternité... elle vient de perdre les eaux... »

Je suis arrivée en même temps qu'elles au centre hospitalier. Le temps de rassurer sa mère qui me confirme son souhait de rester dans la salle d'attente, et je rejoins Sylvie.

« Prenez vite un sarrau », me dit la sage-femme. Elle brandit le rapport du médecin : « C'est un gros prématuré. » Ce qui veut dire « un tout petit bébé à risques multiples ».

Sylvie ne paraît pas inquiète. Pendant qu'on s'affaire autour d'elle, elle me raconte calmement qu'elle s'est réveillée à trois heures du matin avec mal au ventre puis qu'elle s'est rendormie un moment.

« Quand c'est devenu trop fort, j'ai réveillé ma mère et on vous a appelée... »

Son récit est entrecoupé de courtes pauses pendant lesquelles, sans se plaindre, elle crispe son joli visage. Les contractions sont très rapprochées maintenant. Je lui avais pris la main en arrivant, elle l'a gardée et la serre fort. On n'a même pas le temps de brancher les appareils habituels, tout se déroule simplement.

« Il est bientôt là, ce bébé... Vous pousserez quand je vous le dirai. »

Sylvie me regarde intensément, incrédule. Tout va si vite depuis hier. Entre deux contractions, elle me souffle encore :

« Maintenant, je sais ce que je vais faire après...

— Respirez bien fort, encore une fois... »

Sylvie se concentre, s'applique. Et je m'étonne que ce soit le mot qui convienne dans un tel moment. C'est pourtant ainsi : pas de panique, pas de plainte, pas un seul cri. Tout son corps est tendu. De grosses gouttes de sueur plaquent ses cheveux. Un énorme effort encore, puis :

« Maintenant, ne poussez plus... »

Un temps de silence qui me semble long.

Bien sûr, j'aimerais savoir ce qui se passe du côté de la sage-femme, mais je suis là pour Sylvie, je ne l'oublie pas.

« C'est une fille... », dit la sage-femme de cet inimitable ton victorieux qu'elles ont toutes à ce moment-là. « Elle est petite, mais si vigoureuse, pas prématurée. »

Un vrai grand sourire sur le visage déjà étrangement détendu de Sylvie. « Ouf ! » dit-elle simplement en poussant un gros soupir de soulagement et elle ajoute : « On est mieux quand c'est fini... »

C'est bien la petite fille qui s'exprime ainsi. Puis ses yeux se remplissent de gravité. À voix basse, elle m'interroge :

« Dites-moi, madame, est-ce qu'il est beau ? »

Ce masculin peut paraître étrange. Il est plein de sens pourtant. Sylvie attendait un enfant. Maintenant il est là. Que ce soit un garçon ou une fille lui importe peu et ne semble ainsi pas l'émouvoir. L'a-t-elle voulu, ce bébé, l'a-t-elle désiré ? Demain sans doute en saurai-je davantage. Aujourd'hui, elle accomplit au mieux ce qui lui reste à faire : achever ce qui a été commencé. Et elle précise encore : « Vous savez, je ne demande qu'une chose : qu'il soit beau et qu'il soit heureux... »

D'autres paroles entre nous seraient à ce moment-là superflues. Simplement, j'approuve de la tête afin de leur donner tout leur sens. Elle n'a pas encore lâché ma main et ne semble pas s'en rendre compte.

La sage-femme, avec des gestes sûrs et précis, une grande maîtrise que j'admire, termine l'accouchement. Elle a ligaturé et coupé le cordon discrètement et s'occupe du bébé avec une jeune assistante qui ne dit mot.

Tout semble maintenant étranger à Sylvie. Est-ce pour cela que la sage-femme s'adresse à moi ? « Elle m'a dit en arrivant qu'elle accouchait "sous X", alors... j'emmène le bébé ? »

Je me tourne vers Sylvie. J'attends sa réponse et c'est à moi qu'elle s'adresse :

« Oui », prononce-t-elle simplement, sans hésiter.

Ainsi, elle a réfléchi à ce que nous avions à peine eu le temps d'évoquer la veille. On attend maintenant la « délivrance ». Je lui explique, car je doute qu'elle en connaisse le déroulement ; puis je suggère :

« Voulez-vous que j'aille rejoindre votre mère ?

— Oh oui, il faut aller lui dire que tout va bien et puis... vous reviendrez. »

Sa mère est très émue.

« Nous avons beaucoup parlé hier soir, avec son frère que j'avais appelé. Je sais bien que je suis aussi responsable de ce qui est arrivé. C'est une gentille fille, vous savez, docile, jamais contrariante. Nous nous entendons bien mais elle ne supporte pas d'être seule. Elle ne se couche jamais avant que je ne sois rentrée, et pourtant je travaille à deux pas de la maison.

« Elle m'attend, endormie sur le divan. Elle a toujours été comme ça, même avant la mort de mon mari qui travaillait aussi jusqu'à deux heures du matin. Souvent nous la retrouvions blottie au pied du lit de son frère qui était furieux ; nous la grondions, nous essayions de la raisonner mais elle nous répondait toujours : "Je ne peux pas faire autrement, je ne supporte pas de me sentir seule..." Et elle recommençait.

« Depuis le départ de son frère, un jeune voisin venait de temps en temps l'aider à faire ses math... C'est lui, mais elle m'a fait jurer de ne rien lui dire. Comment aurais-je pu me douter, je le connais bien...

« Elle est très déterminée. Elle veut que ce bébé soit adopté. C'est dur pour moi, vous savez, mais je ne peux faire mieux pour lui que je n'ai fait pour elle, autrefois... »

Je me retrouve auprès de Sylvie qui repose tranquillement. Les scialytiques sont éteints, la salle est dans la pénombre, les écrans, les appareils, les fils sont dans l'obscurité. Tout paraît simple, étrangement facile, naturel.

« Avez-vous pensé à un prénom pour cette petite fille ? Vous avez le droit de lui en donner un, deux et même un troisième qui sera son nom de famille jusqu'à ce qu'elle soit adoptée. Elle prendra alors le nom de sa famille adoptive. Mais ce sera très important pour elle que vous l'ayez nommée, qu'ainsi vous lui ayez donné vous-même son identité. »

Le prénom de l'enfant n'en est-il pas la racine la plus profonde ? Elle comprend, mais elle n'a jamais pensé à un prénom pour ce bébé si peu attendu. Elle cherche, perplexe, puis affirme :

« Je veux lui en donner un... »

Il faut l'aider :

« Quand vous étiez petite — et je pense qu'il n'y a pas si longtemps — vous aviez une poupée que vous aimiez beaucoup... »

Elle sourit, cette évocation lui plaît. « Oui, je vais l'appeler Chloé. C'est tout... » Et c'est suffisant pour que ses parents d'adoption puissent lui dire que sa mère l'a nommée à la naissance et que ce prénom, même si ce n'est pas l'usuel, elle l'a choisi pour elle.

Je porte ce prénom au bureau des sages-femmes.

« Chloé ? Mais nous avions déjà choisi les prénoms, nous l'avons appelée Christine, Carole et Virginie... » Elles sont déçues et avancent un argument : « D'ailleurs, nous avons déjà rempli le carnet de santé. »

Une sage-femme plus âgée, un peu à l'écart, prend la parole : « Alors vous déchirez et vous recommencez tout. Le prénom, puisqu'elle veut le lui donner, c'est son droit, vous devez le respecter. »

Elle est péremptoire, plus que je ne me serais permis de

l'être. Je me garde bien d'intervenir quand elle ajoute, en constatant leurs hésitations, leur réticence :

« Vous avez pensé à son âge ? Vous aimeriez mieux qu'il aille à la DASS, cet enfant, et jusqu'à quand ? Un de plus sans famille... »

Elle a des paroles brèves et énergiques. Convaincantes aussi.

Ma place est encore auprès de Sylvie. Tout se termine avec elle aussi. La sage-femme semble pourtant avoir quelque chose à ajouter, comme un message à faire passer. Elle hésite, puis après avoir gentiment demandé à Sylvie si elle se sentait bien, précise : « Voilà : pour nous, quand nous mettons un enfant au monde, c'est pour qu'il soit heureux, et aussi sa mère et son père. Ce qui vous est arrivé n'est sûrement pas votre faute. Vous n'étiez sans doute pas informée. Vous auriez pu éviter cette grossesse si vous aviez su. C'est sans doute parce que nous autres avons manqué à notre rôle et qu'il nous reste encore beaucoup à faire pour informer les jeunes sur la contraception, l'IVG. »

Sylvie écoute avec attention, ne répond pas, mais quand la porte se referme sur la sage-femme, elle commente simplement : « Alors, elle n'a rien compris... »

Déculpabiliser est généreux, mais c'est aussi détourner une responsabilité qui ne nous appartient pas.

Elle souhaite ensuite que sa mère la rejoigne. Celle-ci en est heureuse et je les laisse seules. En si peu de temps, sa fille est devenue femme, mère à son tour. Étrangement grandie, responsable de cet enfant dont elle a choisi l'avenir sans hésitation. Elle reste aussi la petite fille attachée à sa mère, si craintive hier encore. Il leur faut se reconnaître l'une l'autre, dès à présent.

Cette expérience prématurée est souvent suivie d'une régression, on le sait. Comme s'il fallait refaire plus sereinement le chemin parcouru si vite. Une nouvelle relation entre elles prendra forme.

La mère découvrira une fille raisonnable, mûrie. Une certaine dépendance, rassurante, peut être nécessaire encore, à l'une comme à l'autre. La mutation de l'adolescence à l'adulte, trop brutale et douloureuse, nécessitera un temps de consolation réciproque.

Sans doute eût-il été nécessaire qu'une parole s'inter-dise entre elles. Nécessaire et peut-être suffisante pour Sylvie comme pour tous les adolescents. Mais on craint qu'ils l'entendent comme interdiction, tant le contexte culturel actuel redoute pour eux — plus qu'eux ? — toute intention, voire simple intonation que l'on qualifie aussitôt de moralisante.

Le lendemain, je trouve Sylvie très calme, une superbe rose près d'elle : « C'est de la part de mon frère... et de ma belle-sœur. »

Elle en est heureuse, c'est évident.

Je sais qu'il y avait eu une discussion orageuse en famille, la veille au soir. Mais la mère avait su expliquer. Ils avaient enfin dit qu'ils comprenaient et cela avait été très important pour Sylvie. Elle raconte encore sans que j'aie à questionner — ce que d'ailleurs, je l'ai déjà dit, je n'aurais pas fait.

« C'est vrai que je ne peux pas rester seule. Même avec la radio, même avec la télévision. Je sens le vide autour de moi. Je sais bien pourtant que ma mère ne peut pas faire autrement. J'étais si contente que Frédéric vienne de temps en temps. »

Elle se tait et son silence est dense de souvenirs. Fréquentes sont les plages de silence qui ponctuent son récit.

« ... Et puis, quand mon frère a connu son amie, elle avait seize ans. Ils vont bientôt se marier... et elle voudrait un bébé tout de suite. Un jour, moi, j'ai su que j'étais enceinte. J'ai attendu d'en être tout à fait sûre pour en parler à Frédéric... »

Elle a du mal à poursuivre. Les souvenirs sont douloureux. Je reste seulement présente, attentive, surtout silencieuse. Ne rien presser, ne rien bousculer, ne rien vouloir savoir. La parole souvent n'est libératrice que lorsqu'elle s'adresse à soi-même. L'autre, celui qui écoute, n'est là que comme témoin, pour qu'elle soit entérinée, pour la cautionner en quelque sorte. Si je comprends, la confiance de surcroît peut s'instaurer entre nous. Puisque je crois ce qu'elle dit — de quel droit en douter ? — parce que je crois en elle, elle peut mettre en paroles ce qu'elle a si longtemps gardé pour elle.

Elle ajoute encore des phrases qui éclairent son histoire que je ne peux qualifier de triste tant elle est empreinte de puérile logique, d'une si touchante simplicité :

« Quand Frédéric a su, il a dit seulement deux choses : "D'abord tu ne dis rien à ta mère." J'ai compris qu'il avait peur de la sienne, je m'en doutais déjà... "Ensuite, tu te fais avorter. Tu n'as qu'à me dire, je paierai tout...", a-t-il ajouté. Après cela, je n'ai plus voulu le voir, je ne l'ai plus aimé... »

La précocité physique, physiologique, ne va pas de pair avec la maturité affective. À quinze ans, on est bien capable de « faire l'amour », mais sait-on le dire ? Comment alors ne pas confondre, ainsi que l'avait fait Sylvie, la gentille protection qu'elle avait crue tendresse, l'émotion sexuelle qu'elle avait prise pour de l'amour, l'exigence qu'elle croyait passion ?

Tout cela n'avait plus pour elle aucun sens. Seul le désir avait guidé les gestes impatients de Frédéric, son comportement totalement oublieux des conséquences et de l'avenir.

Sylvie croyait à la tendresse qui rend fort, oubliant que caresse n'est pas tendresse. Sans doute aurait-elle admis — et souhaité — une limite sécurisante, voire un interdit clairement formulé qui eût permis à sa spontanéité adolescente de relayer la vigilance apprise et assumée, afin de ne pas avoir à regretter amèrement, à ne pas payer si cruellement la confiance qu'elle avait faite à Frédéric.

Tony Anatrella l'exprime ainsi : « Les amours d'adolescents sont le plus souvent provisoires, précaires et narcissiques. Une image de l'autre est aimée et ce sentiment est tellement fort qu'il rend aveugle et sans avenir[1]. »

Et Sylvie poursuit :

« Quelquefois je le rencontre, il ne me demande rien, m'ignore, et pour moi, maintenant, il est comme un étranger. Je ne voulais pas d'avortement, alors je n'ai rien dit à personne. Souvent j'ai voulu en parler à maman, mais je savais que cela lui ferait tant de peine et de souci que j'attendais toujours le lendemain. Je ne savais pas que j'étais si

1. *Adolescence au fil des jours, op. cit.*

près de la naissance, j'ai eu mes règles encore longtemps... »

Brusquement elle se tait. Ce qu'elle me dit un peu plus tard me confirme ce qui se passe encore dans certaines maternités et qui nous montre qu'il reste encore beaucoup à faire pour que s'humanise le comportement de ceux qui se disent ou se veulent au service de la naissance. De toute naissance.

« On n'a pas branché la télévision parce qu'il n'y a personne pour le faire aujourd'hui. Mais tant pis. Je ne vais pas rester longtemps. Je n'ai plus besoin de soins. Ce matin une infirmière m'a dit de me lever pour faire toute seule ma toilette au bidet en mettant beaucoup de savon. J'ai bien eu la tête qui tournait, mais j'ai pu quand même. Une sage-femme est venue me voir. Elle m'a dit que j'avais beaucoup de courage, qu'elle comprenait tout à fait ma décision. Que le bébé serait heureux et que les parents qui allaient l'adopter avaient bien de la chance. Elle, elle a trois enfants... »

Le lendemain, l'écran de télévision est toujours vide, juste devant elle. Elle n'a plus osé réclamer.

« Pourtant, j'en vois du monde ! Ma chambre doit être bien propre ! Les femmes de service ont toujours quelque chose à balayer, à essuyer. Elles ne disent rien, elles me regardent seulement. Elles viennent voir bien sûr à quoi je ressemble ! L'assistante sociale est venue aussi. J'ai tout de suite signé pour l'adoption. »

Autre chose encore la tracasse dont elle veut me faire part. Elle plisse le front pour mieux expliquer :

« Vous savez, la sage-femme de l'accouchement n'a pas compris. La pilule, je connais. On a eu des cours sur la contraception, la sexualité. Je vais quelquefois au Planning avec des copines qui vont chercher la pilule. J'ai même une amie qui y va régulièrement. Elle avait des règles douloureuses, alors son médecin lui a prescrit trois mois de pilule. Elle ne souffrait plus du tout, alors elle continue à la prendre. Elle dit que c'est pour la contraception mais elle n'a pas de copain. D'ailleurs elle n'aime pas les garçons...

— Et maintenant, Sylvie, envisagez-vous de prendre la pilule ? »

Elle me regarde, surprise.

« Non, je n'en ai pas besoin. Frédéric, je l'aimais. Et j'étais tellement bien quand il était là. Il est majeur, lui, je pensais que ce serait comme pour mon frère et ma belle-sœur... Je savais que je pouvais avoir un bébé. Il m'avait dit de ne pas m'inquiéter... »

Elle s'exprimait à l'imparfait déjà. Parler du futur est souvent un signe de progression, mais les repères de ces adolescentes sont si aléatoires qu'elles n'ont guère la possibilité de s'imaginer quelque part, plus tard.

Nous avons quand même parlé d'avenir. Comment elle l'envisageait. Comment elle *se* voyait plus tard. Ce qu'elle avait maintenant envie de vivre. Une sorte de redéfinition des buts de sa vie, à la lumière de ce qu'elle avait pu apprendre ; et non pas en faisant le bilan des erreurs ou des fautes.

C'est aussi ce jour-là que je pus mesurer la réprobation qui entoure encore cette démarche d'abandon, jusqu'à la mesquinerie : lorsque je quittai la chambre de Sylvie, une infirmière m'aborda :

« Puisqu'elle n'allaite pas, il faudra lui apporter du Parlodel afin d'arrêter la montée de lait.

— N'en avez-vous pas dans le service ?

— Si, mais elle est “sous X”, nous ne pouvons pas lui en fournir... »

Le Parlodel ne s'obtient que sur ordonnance. La prescription fut faite à mon nom et je lui apportai le remède... Je voudrais raconter cela avec humour, mais je n'y parviens guère...

Puis je restai plusieurs jours sans nouvelles. Sylvie m'avait cependant dit spontanément : « Je vous téléphonerai dès que je serai rentrée, puis nous viendrons vous voir. »

Inquiète, j'appelai chez elle après une semaine.

« Je ne sais pourquoi on m'a gardée si longtemps. Je n'avais aucun soin. On m'a dit seulement que le bébé était malade, qu'il avait la jaunisse. Mais moi, je n'y pouvais rien... »

Ce n'était pas une raison valable à invoquer pour prolonger son hospitalisation. Garder la mère afin qu'elle garde son enfant... C'était plus sûrement la raison. Condamnée au secret, Sylvie n'avait que des raisons d'être inquiète. Et elle n'avait plus osé demander qu'on branche la télévision. Elle continuait à subir la curiosité muette et blessante. Sa mère se sentait de plus en plus culpabilisée par ce contexte pesant, ces regards fuyants dans le couloir. Malgré ses réclamations, elle ne réussissait pas à rencontrer un responsable du service qui n'était justement jamais là lorsqu'elle venait voir Sylvie.

Profitant de son jour de congé, elle avait pu attendre assez longtemps l'infirmière-chef et lorsqu'elle lui avait annoncé énergiquement : « Je voudrais emmener ma fille aujourd'hui même », personne alors ne s'y était opposé.

Un peu plus tard, je reçus d'elles une carte postale. Un beau paysage de neige et quelques mots en forme de litote, signés : Sylvie et sa maman. Les vacances d'hiver tombaient à point. Sylvie allait reprendre la classe « comme avant ».

Elles vinrent me voir ensemble quelques semaines plus tard. C'était aussi une visite d'adieu pour Sylvie. Je faisais partie d'un passé déjà lointain. Le souvenir n'en était pas pénible pour elle. Son sourire n'avait rien de contraint. Le futur était déjà là.

Elle avait tenu à m'apporter un cadeau. Un petit cygne en porcelaine blanche garni de chocolats. Tout un programme !

« Elle l'a choisi elle-même, me précisa sa mère.

— J'en suis contente, Sylvie, mais même sans ce cadeau, je ne vous aurais pas oubliée. Il sera un signe... »

Et avant que j'aie pu terminer :

« Oui, c'est ça, un signe entre nous », dit-elle en riant franchement.

On pourrait s'étonner qu'à aucun moment l'expression de la culpabilité, que ce soit sous forme de malaise, de honte, de confusion, de remords... ne soit apparue dans l'attitude ou les paroles de Sylvie. De quoi, en fait, aurait-elle pu, aurait-elle dû être coupable ? D'avoir eu une relation sexuelle avec Frédéric ? Le permis, le défendu, n'ont à aucun moment pu orienter son comportement. Le tabou de la sexualité levé, la banalisation de l'échange sexuel n'ont laissé place à aucun interdit.

Il faut se souvenir que ses parents, qu'elle n'a vus ni souvent ni longtemps ensemble, n'ont pu permettre une identification structurante au couple parental. La proximité du couple de son frère, en revanche, beaucoup plus proche d'elle, n'a pas été sans l'influencer (Éliane avait seize ans...).

« Tu devrais t'en faire une amie », avait suggéré sa mère. Pour Sylvie, c'était impossible. Ne lui avait-elle pas pris son frère, celui qui l'aidait, bien involontairement, à supporter le soir sa solitude ?

Un peu jalouse, sans doute, et inconsciente d'une sorte de compétition entre elles, Éliane avait très envie d'un bébé, même peut-être de celui de Sylvie dont elle supportait douloureusement l'abandon. Mais Sylvie ne voulait surtout pas le lui donner, elle — la première — avait prouvé sa fécondité... Avant même de s'être accommodée à la puberté, elle avait eu à affronter la grossesse. Sans refus chez elle, car c'est avec une certaine satisfaction qu'elle disait avoir senti bouger cet enfant « très tôt ». Et elle précisait, avec une sorte de fierté, qu'elle n'avait jamais eu de malaises, de nausées. Plus tard, elle se souviendrait qu'elle avait également accouché sans problème.

Quant au plaisir, elle ne l'avait pas recherché, elle n'y avait même pas songé. Elle est de celles qui disent joliment : « j'ai dormi avec lui » et non « on a couché ensemble » et encore moins « on a fait l'amour »... Elle se serait bien contentée d'un de ces petits câlins qu'elle n'était plus en âge de demander à sa mère et savait bien impossible d'attendre de son frère.

Elle avait insisté : Frédéric est majeur et pour elle cela signifiait : responsable. Et aussi qu'elle pouvait lui faire confiance. Elle aurait voulu qu'il se réjouisse de l'enfant à naître. Alors, quand il s'était exclu de ce beau projet si évident pour elle, en tant que géniteur, que père, il n'avait plus eu d'existence. Le bébé n'avait dès lors plus sa place et elle-même ne pouvait devenir mère. C'était comme une succession de non-sens. Alors, elle avait hébergé cet enfant plutôt que porté, jour après jour, dans la solitude qui semblait décidément être son lot. Pendant un temps, trop court, elle s'était réjouie de reconnaître en elle sa présence. Puis à cause de lui, Frédéric l'avait rejetée, elle.

Pourtant elle ne lui en voulait pas, à cet enfant. Simplement, elle n'en voulait pas. Elle ne lui voulait pas de mal, un avortement lui eût paru illogique, ce n'était pas la réponse adéquate.

En fait, elle n'avait pas trouvé de réponse toute seule. On peut se demander ce qui serait arrivé si, *in extremis,* elle ne s'en était ouverte à sa mère...

J'ai suivi au tribunal ces huis-clos dramatiques au cours desquels on juge et condamne pour infanticide des jeunes de quatorze, dix-sept ans... Elles ont vécu, jour après jour, déniant ou portant sciemment ces grossesses innommables « comme si de rien n'était », dans l'impossibilité totale d'en imaginer la moindre issue. Ignoré de tous, sans présence possible, l'enfant du silence est renvoyé au silence... Sylvie est-elle coupable de ne pas être entrée dans le projet des adultes ? Cette grossesse, puis cet abandon, avaient mis en échec les stratégies en place et habituellement avancées au titre de la prévention.

Dépités, démunis devant un tel cas, se trouvent celles et ceux qui se sont tant battus pour mettre en place la contraception, l'IVG, légales et gratuites. Et d'envisager alors de multiplier les lieux d'information, les centres de planification et d'orthogénie, de reculer les délais d'interruption de grossesse, de faciliter les ITG (interruptions thérapeutiques de grossesses) chez les adolescentes.

« Alors elle n'a rien compris... », avait simplement dit Sylvie.

L'Amour majuscule remplit encore les rêves des adolescentes. Faut-il leur dire qu'elles se trompent ? Que la tendresse, la douceur, la fidélité doivent céder la place à la quête sexuelle, au plaisir qu'elles ne recherchent pas et dont on les rend seulement curieuses ? Curieuses de séduire et de se laisser séduire.

Faut-il les convaincre qu'elles doivent « vivre avec leur temps », s'adapter, se prémunir ?... Qu'il ne faut surtout pas faire confiance à celui qu'on aime, que l'on ne doit compter que sur soi et que cela s'appelle « se libérer » ? Que les actes sexuels sont banals, inévitables, ludiques, voire nécessaires, et que rien n'est grave puisqu'il suffit qu'il n'y ait pas de conséquences ? Que l'important est de se protéger ?

J'imagine alors les yeux étonnés de Sylvie, son front lisse plissé dans un grand effort de compréhension :

« Se libérer de quoi, pour qui ? »

Ma réponse amère devrait-elle être : « Pour être disponible, intéressante, consommable... » ?

Trop de femmes adolescentes, jeunes ou moins jeunes aussi, sont venues me dire à voix basse — si basse par peur de l'incompréhension — que ce qu'elles souhaitent vivre ne passe pas forcément, inéluctablement, par des rapports sexuels. Rapports qu'elles n'ont même plus la liberté de refuser sans que la moquerie, le rejet, la solitude soient finalement le prix à payer.

Alors, au moins, Sylvie est-elle coupable d'abandon ? Toute seule, sans projet de couple, elle sent qu'elle ne peut pas donner à cet enfant plus que la vie. Devant l'écran de télévision cruellement vide, dans la grande chambre si froide, elle a réfléchi longuement. Et maintenant, elle en est sûre : elle ne veut pas le prendre pour elle, cet enfant, même s'il était dans son projet de vie — désir de toute adolescente —, puisqu'elle ne l'a pas fait pour elle. « Se faire un enfant toute seule » se dit maintenant en chanson avec une pointe d'admiration (feinte ou dépitée ?) chez celui qui a mis ces paroles en musique.

Sylvie, qui ne veut pas prendre l'enfant avec elle, peut abandonner ses droits maternels sur lui dans une sorte de respect pour son avenir. L'abandonner, c'est aussi ne pas le retenir, ne pas le garder pour soi. Mais le destiner à un ailleurs meilleur. « Le confier aux soins de, à la discrétion de... » C'est la définition du Littré... Sans le perdre tout à fait, parce qu'elle est sûre qu'il vivra heureux quelque part, puisqu'il est beau — elle a tenu à s'en assurer.

L'accouchement peut aider de manière incroyable à la maturation des situations et des êtres. C'est pourquoi cette longue semaine de quasi-solitude en maternité a été l'occasion d'une longue réflexion dont déjà on peut mesurer les prémices.

« Sylvie, c'est toujours difficile d'être seule le soir ?

— Non, maintenant ça va », me répond-elle avec un haussement d'épaule, comme pour rejeter ce souvenir bien ancien. Ce rappel la fait sourire. Elle n'en est plus là.

J'attends les trois mois fatidiques, nouvelle et ultime étape de cet abandon, pour la joindre par téléphone. Je n'ai pas à donner mon nom cette fois non plus.

« Je viens prendre de vos nouvelles, mais si vous ne souhaitez pas que nous poursuivions...

— Oh ! si, je suis contente... »

Elle a peu à dire et c'est bien ainsi : un moment d'échange presque tacite.

Plus tard, sa mère fut heureuse d'entendre que le bébé allait très bien et serait incessamment accueilli dans sa famille. Une question que Sylvie n'avait pas posée. Sa mère ne me dit pas non plus : « Peut-être aurais-je dû... » comme l'avait suggéré le radiologue. Elle n'en avait pas été ébranlée ni culpabilisée, et les raisons qu'elle avait invoquées n'étaient pas pour se justifier.

Son gynécologue, lui, avait été entendu :

« Quand je lui ai dit que Sylvie allait bien et qu'elle me parlait souvent d'un copain de classe, il s'est écrié : "Amenez-la-moi vite" », et il lui a prescrit la pilule.

Qui reprochera à Mme G. d'avoir peur ? J'espère seulement que Sylvie n'a pas entendu cela comme un manque de confiance de la part de sa mère. Je la crois maintenant assez « grande » pour gérer elle-même sa vie, y compris sa vie sexuelle.

Le gynécologue, par contre, devra se méfier d'un réflexe trop prompt, périmé, voire dangereux au temps du sida ; la pilule « protège », sans doute, mais ne vise que la grossesse.

« Elle vous rappellera plus tard sûrement, car elle parle souvent de vous », dit Mme G.

Sylvie n'a plus rappelé et c'est bien ainsi.

Et puis, il reste ce « signe » entre nous, comme un lien entre l'enfant et elle. Je suis celle qui a reçu le petit cygne. Je suis également le lien indéfinissable avec le passé. Elle sait, nous en sommes convenues, qu'elle pourra l'utiliser comme elle l'entend et seulement si elle en éprouve le besoin.

Sylvie a dit « oui » à la vie, parce qu'elle a quinze ans et qu'elle n'a pu mettre la mort en exergue à sa toute nouvelle vie sexuelle. Ce ne pouvait être un oui plein d'enthousiasme comme elle l'avait cru possible dans sa candeur adolescente. C'était un « oui mais ». Ce ne pouvait être que cela. Ce « mais », elle a pu l'interroger longuement et elle en a fait une décision d'abandon. Il est alors devenu « oui, parce que... » dès que l'enfant est né.

Une prescription contraceptive est-elle aujourd'hui adéquate ?

Le Dr Marie-Andrée Lagroua-Weill-Hallé [1] a été une des promotrices du Planning familial. Elle a énergiquement œuvré pour la mise en place de la contraception et sa législation. Dix ans plus tard, elle en a fait ce lucide et courageux bilan qui apporte réponse à ma question : « Aucune rationalisation dans la réponse ne peut satisfaire réellement sa demande. Les techniques contraceptives, aussi perfectionnées qu'elles soient, ne sont pas forcément une bonne réponse. Le fait que nous la considérions comme telle n'est pas un critère, si ce n'est celui d'une autosatisfaction largement répandue... Mais la contraception touche à la vie. Elle ne se dit pas, elle s'émotionne... »

L'ai-je trop bien écoutée, comprise ? Avaient-elles raison, ces monitrices et ces éducatrices du centre maternel qui me reprochaient : « Vous ne les motivez pas suffisamment pour la pilule. » Je répondais, avec un peu d'impatience sans doute, que je n'étais pas là pour faire de la propagande mais de l'information et, éventuellement, de l'éducation. Les jeunes femmes elles, m'avaient bientôt exprimé autre chose et formulé une autre attente.

S'il est vrai que pendant de nombreuses années les réunions sur le thème de la contraception les attiraient en

1. « Évolution de la demande dans les problèmes de contraception, d'avortement et de sexualité », *Les Cahiers du travailleur social,* n° 32.

nombre, c'est parce que, dans le même temps elles disaient : « Si au moins j'avais connu la pilule ou le stérilet, je n'en serais pas là... »

Mais Marie-Andrée Lagroua-Weill-Hallé ajoute : « La demande contraceptive s'est multipliée, banalisée. Pour autant, elle a abouti à des échecs dans la mesure où la réponse ne satisfaisait point la demande réelle. C'est dans un contexte de demi-ratage de la contraception et en partie pour masquer cet échec que s'est greffée la campagne pour la libéralisation de l'avortement. »

Elle exprime justement ce que j'ai ressenti, constaté, vécu en travaillant dans les centres sociaux à l'information sur la contraception et en pratiquant les entretiens pré-IVG : « La dédramatisation de l'interruption de grossesse, sa promotion dans la légalité, toute bonne chose en soi, en a profondément modifié la demande. La mesure est dépassée dans bien des cas. Une fille de quinze ans se cachait autrefois. Maintenant, pour un peu elle s'affiche. C'est du moins pour elle un moyen d'affirmer son passage à la vie adulte quand son entourage en doutait, de souligner sa féminité, motivations désormais classiques chez les jeunes, qui n'implique pas pour autant qu'"après", la jeune fille utilisera un moyen contraceptif. Ce qu'elle souhaitait, c'est être enceinte pour prouver quelque chose, à elle ou aux autres. Son intérêt pour la contraception n'est pas évident. C'est là que l'éducation pourrait sans doute intervenir... »

C'est en laissant la parole aux jeunes des centres et foyers maternels que je compris mieux leur attente et leur intérêt pour... le contraceptif. Elles y voyaient une responsabilité mais aussi une contrainte partagée. Car quelle contraception n'exige pas discipline et vigilance ? Elles exprimaient une aspiration à n'être plus toujours « celle que l'on pilule et que l'on accuse de l'avoir oubliée et bientôt celle qui a gravement négligé l'IVG, toujours finalement seule coupable et victime ; celle qui n'intéresse que parce qu'elle est pilulée *(sic)* et qu'ainsi on risque moins les ennuis avec elle... »

C'étaient leurs paroles souvent teintées d'amertume. Cependant, elles prenaient conscience qu'il est aussi possible d'être « celle pour laquelle *il* accepte de se gêner pour que moi, je n'aie pas d'ennuis... » Ainsi elles découvraient une certaine forme de respect pour elles, pour leur féminité, leur fécondité. Elles appréciaient cette attention à elles-mêmes, au-delà d'un geste technique de protection sanitaire.

Dans nos échanges, l'idée d'une « réhabilitation de l'homme » s'insinuait. Elles apprivoisaient l'idée que « faire l'amour » implique un savoir-faire mais aussi un savoir-être (ce que l'on a envie d'être et de devenir) et un savoir-vivre (donner un sens à la vie et à sa vie).

La relation sexuelle n'est plus ce qu'elles avaient cru, un droit sur le corps d'autrui, une vérification fallacieuse de l'amour : « Si tu m'aimes, prouve-le-moi... » La relation sexuelle est enfin comprise comme relation — c'est-à-dire un acte qui rassemble toute la personne dans l'échange.

Cette revalorisation humaine de la sexualité me valait au centre maternel les assauts répétés des militantes du Planning, celles qui sans doute n'avaient pas lu le Dr Lagroua-Weill-Hallé. « Votre conseillère conjugale n'est plus du tout dans le coup, elle en est encore au préservatif... », disait-on à la directrice qui s'amusait à me rapporter ces propos.

Et les jeunes mères, qu'en pensent-elles ?

C'est en annonçant « la prochaine réunion sur la contraception », quelques années plus tard, que je reçus cette fin de non-recevoir : « Ah non ! ne nous parlez pas de contraception, pas vous !... Vous, madame, vous avez bien compris n'est-ce pas, que nous autres femmes, nous avons été complètement flouées... » Ce furent les termes employés, pleins d'amertume. « La libération sexuelle, on connaît, on a déjà donné... »

Puis elles me demandèrent de revenir pour que nous puissions encore parler d'elles, de relation, de vie, d'amour, « mais le vrai », précisèrent-elles.

Le Dr Lagroua-Weill-Hallé ajoute : « N'a-t-on pas vu se développer des campagnes pour le droit au plaisir et la libération sexuelle ? Ces choses-là ne sont pas directement fonction des techniques contraceptives mais dépendent de leur vécu. Le couple en conflit creuse le fossé au lieu de l'aplanir si, au lieu d'approfondir sa relation, il tente d'oublier son conflit en mettant en jeu des techniques de pointe.

« Les conflits des couples, les difficultés sexuelles qui en découlent sont le nœud de la demande contraceptive et de celle de l'avortement puisque la grossesse non désirée c'est un enfant que l'on a désiré mais que l'on ne veut pas mettre au monde... » Et parce que j'ai travaillé avec ces jeunes femmes enceintes de « cet enfant-là », j'ajouterai : « Un enfant que l'on a désiré mais que l'on veut bien mettre au monde et avec lequel on sait aussi ne pouvoir aller plus loin que l'accouchement. »

Corinne, Sylvie, Claire et l'indispensable travail de deuil

Du fait que la perte est de nature bouleversante, celui qui étudie ce domaine se retrouvera face à des problèmes émotionnels autant qu'à des problèmes intellectuels.

John BOWLBY[1].

L'assistante sociale avait dit à Corinne : « Réfléchis bien avant de prendre ta décision. Si tu l'abandonnes, ne l'oublie pas, cet enfant alors sera comme mort pour toi. »

Elle avait vécu cette séparation quelques semaines auparavant. Aujourd'hui, elle venait m'en parler et elle s'efforçait de m'expliquer ce qui pour elle était tout à fait différent de ce qui lui avait été annoncé.

— Non, ce n'est pas pareil. Pour moi, ce n'est pas comme s'il était mort puisque... il vit.

Elle exprimait bien ce qui était fondamentalement différent, en effet. Dans l'abandon, « la mort n'est pas passée par là ».

Pourtant, ce travail de deuil dont on parle tant en psychologie devra s'accomplir comme dans toute séparation définitive. Le temps jouera son rôle. La douleur physique comme la douleur morale peu à peu s'estomperont. Comme lors d'une rupture accomplie, un processus va se déclencher, permettant à la réalité d'être progressivement acceptée, à la souffrance de devenir supportable.

Il faudra que la jeune femme s'habitue peu à peu à la perte d'un enfant qu'elle sait vivant : elle devra transposer son expérience dans l'image qu'elle se fait de la mère qu'elle souhaite devenir plus tard, lorsqu'elle sera sortie de cette douloureuse épreuve, avec le sentiment d'avoir acquis

1. *Op. cit.*

une certaine maturité peut-être, sans avoir perdu confiance et espoir en l'avenir.

Encore lui faudra-t-il reconnaître que la perte de l'enfant attendu s'est effectivement produite. Peut s'y associer le sentiment qu'un lien persiste néanmoins. Et cela m'évoque le cygne de porcelaine que m'avait offert Sylvie et qu'elle avait voulu comme un « signe » entre nous. Comme si je pouvais représenter ce lien entre elle et l'enfant. Un lien que dans son souvenir elle pourrait utiliser comme elle l'entendait « au cas où »... et dont finalement — et peut-être à cause de cela — elle pourrait un jour se passer.

Ce pourrait-être la photo du bébé à la naissance, qui, si elle le souhaite, lui permettra d'évoquer le souvenir qu'elle a si peur de perdre un jour. C'est justement cette photo si rarement tolérée qui donnerait le moyen de supporter l'éloignement, de créer la distance acceptable, en assurant le rétablissement de l'équilibre affectif.

Il nous faut chercher avec cette mère et l'aider à trouver ce qui va lui permettre de réorganiser l'image qu'elle va ou qu'elle veut ou non garder de son accouchement, de la naissance de l'enfant « perdu » et de la conserver comme un souvenir « vivant ».

Que la naissance d'un enfant soit l'occasion d'une grande joie, d'une immense angoisse ou d'une profonde désolation dépend des conditions de l'événement ainsi que de ceux qui y prennent part.

« C'est maintenant qu'il faut s'attendre à ce qu'elle décompense », avait encore dit à haute voix la sage-femme avant de quitter la salle d'accouchement. Sylvie avait paru surprise mais aussi inquiète. Je ne sais pas comment elle aurait réagi si je n'avais pu alors la rassurer : « Je n'ai pas peur de cela pour vous. Vous savez ce que vous faites et vous savez pourquoi. Vous ne serez pas prise au dépourvu. Vous vous êtes déjà préparée dans votre corps, dans votre tête aux jours qui viennent, n'est-ce pas ? »

Laissons-nous ici éclairer par John Bowlby qui a consacré trois gros livres à l'étude de l'attachement et de la perte : « Il se peut qu'à certain moment elle se sente déprimée mais tant qu'il existe des échanges actifs entre elle-même et le monde extérieur, que ce soit par la pensée ou par l'action, le vécu subjectif n'est pas celui de la dépression : jusqu'au moment où de nouveaux modèles d'interaction s'organisent par référence à un nouvel objet ou but. Une telle désorganisation et l'humeur dépressive qui l'accompagne, quelque douloureuse et peut-être déroutante qu'elles puissent être, sont néanmoins potentiellement adaptatives. »

La dramatisation excessive peut aussi avoir des effets déstructurants. Valérie me raconta comment, au moment de l'accouchement et sans qu'on lui ait demandé si elle désirait voir le bébé (et elle n'avait d'ailleurs pas osé s'exprimer), « on avait tendu un grand drap comme pour me cacher quelque chose d'abominable qui allait arriver. Et dans la salle il y avait comme un silence de mort. C'était affreux... ».

Quand on ne sait pas se comporter vis-à-vis de ces femmes ou qu'on leur impose une mise en scène sans s'informer de leur désir, cela ne peut que favoriser une réaction pathologique, alors qu'elle est évitable. Trouver l'attitude adéquate, c'est acquérir une certaine maîtrise de ses propres émotions et désirs. L'avenir d'un enfant et celui de sa mère en dépendent.

Dans un mémoire de fin d'études consacré à l'accouchement sous X, une jeune sage-femme déplorait qu'aucun cours au long de ces quatre années d'études ne soit consacré à l'abandon et ne l'ait préparée à cette éventualité.

« Plus tard, dans l'exercice de votre profession, vous pourrez le travailler. Ou peut-être en recyclage, en cours de perfectionnement... », lui fut-il répondu. Comment aurait-elle pu aider la jeune accouchée à vivre cette séparation, cette rupture nécessaire et définitive, mais combien difficile, même si elle a été choisie ?

Dans l'abandon à la naissance, à l'encontre de ce qui se passe dans la mort, le processus de séparation est déjà commencé dès avant l'accouchement. Toute naissance est séparation et rupture. La première d'avec la mère. Que ne dit-on pas de ce fameux cordon ombilical qu'il est si important de bien couper ? Lorsqu'il a pu être exprimé, imaginé par la mère, le détachement a déjà précédé la naissance.

Si le travail de deuil a pu être anticipé, la réalité pourra progressivement être reconnue et acceptée.

Freud n'a-t-il pas parlé, à propos du « travail de deuil », de ce détachement de l'objet d'affection ou de la « figure d'attache » en même temps que d'un certain détachement du passé ?

*

Ainsi, Claire pouvait m'écrire après la mort de son enfant dès la naissance : « ... que ce soit l'enfant "rêvé", l'enfant "imaginé" ou l'enfant qui a été "réalité", il restera pour moi quelque chose de merveilleux que j'aurai réussi dans ma vie.

« Même si son souvenir se transforme pour devenir encore plus beau (parce qu'il ne pourra être que plus beau) je garderai le côté positif de ma démarche : avoir rencontré cet enfant. Positif pour moi parce que j'aurai su créer quelque chose. Dans la vie de chacun tout ce qui est positif est enrichissant. On a au moins conscience d'avoir réussi quelque chose.

« Le souvenir merveilleux de cet enfant que j'aurai seulement pu idéaliser s'estompera si j'ai la chance un jour de donner naissance à un enfant que je pourrai garder. Ce nouveau bébé sera, de toute façon, le plus beau parce qu'aimé, chéri, présent... L'image idéalisée au fil des années, sans être effacée — elle ne peut pas s'effacer — restera comme l'image du bébé parfait, intouchable : mais compensée par une nouvelle présence... »

Aider à faire des projets, à imaginer le futur est indispensable. On s'aperçoit alors que c'est justement cela qui permet de supporter l'éloignement et crée la distance dans le temps.

L'imagination aide à envisager la réalité et à entrevoir l'impensable — qui ne l'est peut-être que pour nous. Alors il n'y a pas d'effondrement émotionnel à craindre. L'imaginaire ne peut se construire que sur des bases réelles. L'imaginaire, nous dit Marie-France Augagneur [1], « c'est

1. *Vivre le deuil, de la désorganisation à la réorganisation*, éd. Chronique Sociale, Lyon, 1991.

l'ensemble des productions de notre imagination grâce auxquelles il est possible d'exploiter toute crise et de lui permettre de déboucher sur des réajustements fonctionnels ». Pour cette mère, c'est l'objet d'affection perdu et tout ce qui s'y rapporte qui constitue cette base sur laquelle elle envisagera « la vie qui continue ». Et les souvenirs qui perdureront.

« Comment et où le voyez-vous dans un an, à son premier anniversaire ? » ai-je pu demander à Évelyne. Et vous, que voudriez-vous vivre après... ? »

Il est indispensable qu'elle puisse définir elle-même les bases tangibles qui permettront à son imaginaire de fonctionner et à elle de survivre à cette épreuve. Pour l'une, ce sera l'enfant rêvé, celui qu'elle désire avoir mis au monde. Elle veut garder de lui l'image qu'elle s'est construite sans désirer la confronter à la réalité ni aller au-delà : « Je veux seulement savoir s'il est beau... combien il pèse... » Pour une autre, ce sera l'image de l'enfant à peine entrevu ou longuement regardé. Elle lui restera quand il s'éloignera d'elle et qu'elle aura encore besoin d'y penser. Une autre encore a davantage mûri son projet. Elle veut se souvenir de ce temps, même fugace, où elle l'a tenu dans ses bras. Elle sait, elle sent qu'elle aura besoin plus tard de la chaleur ressentie, des caresses données, de la main minuscule qui s'est agrippée à son doigt... Pour que s'accomplisse le deuil, elle aura besoin de chaque détail du souvenir.

Chacune élabore le souvenir qu'elle veut avoir de son enfant, qui dépend de son âge, de son éducation, de sa maturité, de la profondeur de sa réflexion. À nous de l'aider à vivre le plus pleinement possible le choix qu'elle aura fait et qui pourra évoluer quelques minutes, quelques heures plus tard. Ne la pressons pas.

L'accouchement a en lui-même un étrange et immense pouvoir de maturation à condition que la peur, la détresse, la culpabilité n'en bloquent pas totalement les effets. C'est alors qu'une présence réconfortante, chaleureuse, compréhensive peut en favoriser l'éclosion. À nous, si nous l'avons compris et sommes prêts à tenir cette place auprès d'elle, de lui permettre de réorganiser l'image qu'elle veut garder

— sauvegarder — de l'enfant perdu et d'en conserver le souvenir vivant dont elle a besoin.

Les affirmations péremptoires se transmettent tels des slogans. « Il vaut mieux qu'elle ne le voie pas, il faut le lui cacher, elle l'oubliera plus vite. Il faut l'anesthésier pour qu'elle ne se souvienne de rien... » Et bien sûr personne ne s'est enquis de son désir.

À l'inverse, montrer son enfant à une mère qui ne l'a pas réclamé, c'est lui faire violence. Le lui poser sur le ventre sans son accord, comme cela se pratique si souvent encore, alors qu'elle sait qu'elle n'en supportera pas la vue ni le contact, relève d'un comportement à la limite du sadisme.

Un médecin que je connaissais peu n'hésita pas à me gratifier d'un conseil, fruit de ce qu'il considérait comme sa grande expérience : « Je vais vous dire ce qu'il faut faire à la naissance. Dès que l'enfant naît, vous utilisez le réflexe de succion, vous essayez de le mettre au sein... Vous verrez qu'ainsi elle ne pourra plus l'abandonner... » Pour lui, il était impossible d'entendre ce qu'*elle* désirait.

Le projet que nous avons sur une mère et sur son enfant risque de nous conduire à des comportements qui vont à l'encontre du simple et seul respect de la décision d'autrui et de sa personne. Est-il si difficile de s'informer auprès d'elle avant de décider à son insu ce qui sera « le meilleur pour elle » ? Sans se contenter d'un « je ne sais pas » timide qui trop souvent signifie « je n'ose pas le dire... ».

Pour peu qu'on lui laisse le temps et qu'on ne mette pas sa capacité de choisir en doute, on est bientôt surpris de sa détermination. La spontanéité, la précision dans le désir m'étonnent souvent :

« Je veux seulement savoir si c'est un garçon ou une fille... combien il pèse... dites-moi seulement, madame, s'il est beau et bien portant... »

Ou bien :

« Non, je ne veux pas le voir... je ne veux pas savoir... mais si c'est un garçon je veux qu'il s'appelle Kevin et si c'est une fille Maryline... »

À nous de nous préparer à tout entendre. Et pourquoi pas :

« Je veux rester seule avec lui un moment... donnez-le-moi dans les bras... je veux le garder avec moi pendant mon séjour à la maternité... je veux le nourrir pendant ce temps, lui donner tout ce que je peux pendant que je le peux encore... »

Nous rencontrons tous un jour nos limites. Je me souviens combien j'ai été bouleversée à la lecture du livre de Rose Bernstein[1] qui relate le travail qu'aux États-Unis les assistantes sociales (qui, pour la plupart, ont une formation psychologique solide) entreprennent auprès de ces jeunes mères.

Une psychologue me parlait du travail qu'elle avait effectué au Canada sur l'abandon avant de prendre un poste à l'Aide Sociale à l'Enfance. Elle me disait la difficulté qu'elle avait eue et la longue hésitation qui l'avait retenue à en parler à ses collègues : « Elles étaient si sûres d'elles, si affirmatives alors que le plus souvent elles n'avaient que des idées toutes faites et peu d'expérience de terrain... »

Nous avons tous, dans ce travail difficile, à accepter d'être délogés de nos habitudes rassurantes. Il n'est pas si simple d'apprendre à écouter le désir de l'autre, de l'aider à l'approfondir, à le parfaire, à nous adapter aussi à sa réalité et, sans le contester, à s'assurer de ce qui l'anime.

John Bowlby précise encore : « Il est caractéristique de la personne ayant une santé mentale normale, qu'elle puisse endurer cette période de dépression et de désorganisation et en émerge après un temps qui n'est pas excessif avec des comportements, une pensée et des sentiments qui commencent à se réorganiser. »

Il est important et nécessaire pour nous d'être confortés dans cette attitude pédagogique déjà apprise de Carl Rogers : « ... Ici encore son sentiment de compétence et de valeur personnelle demeure intact. »

---

1. *Les Mères célibataires*, Psycho-Point, éd. Paulines, 1973, A.D.E. Québec Canada. Édition originale. Ass. Press, New York, USA : *Helping Unmarried Mothers.*

Si nous naviguons encore un peu entre la vie et la mort, afin de mieux cerner ce « travail de deuil » inévitable et indispensable, la douloureuse histoire de Claire nous dira le grand danger que l'on peut faire courir à une jeune femme en ne respectant pas son désir. Une femme n'oublie jamais ce qu'elle a vécu au moment de la naissance d'un enfant. L'indicible joie qu'elle a pu ressentir mais aussi les frustrations qu'elle a pu subir la marqueront d'une manière quasiment indélébile.

C'était la première grossesse de Claire. Son premier enfant attendu dans la joie par elle-même et le père de cet enfant. « Nous pensions avoir tout imaginé », disait-elle plus tard en se remémorant ces longs mois d'attente.

« Bien sûr il allait être beau, le plus beau... mais aussi peut-être malformé, anormal, trisomique... Je ne sais pourquoi nous n'avions pas imaginé qu'il puisse mourir. » À vingt ans peut-on l'envisager ?

Un banal accident de voiture à sept mois et demi de grossesse sembla d'abord sans conséquences, mais il provoqua un décollement du placenta. Quelques jours plus tard, trop tard, apparurent les premières contractions. Devant l'inquiétude de l'accoucheur, Claire comprit que le pire pouvait être envisagé.

« Si mon enfant ne vit pas, je veux le voir quoi qu'il arrive. »

Mais on crut bon de l'endormir au moment de l'expulsion. Ce fut la décision du médecin et malgré la demande réitérée, suppliante, au réveil, il fut formel :

« Non, ce sera mauvais pour vous, il ne le faut pas, c'est tout à fait impossible. »

Le bébé était beau pourtant et semblait seulement dormir. Au fil des heures il se mit à ressembler à une petite fleur fanée.

Et sans prendre l'avis de la mère, comme il en avait l'habitude en pareil cas, le médecin baptisa l'enfant de son propre prénom !

Pour Claire, tous les rites de deuil furent escamotés. Pas de corps à pleurer, pas d'image pour se souvenir, pas d'autre réalité à affronter que le vide brutal, cruel. L'inhumation eut lieu à la sauvette.

Tout dans cette perte était irréel.

« Un corps sans nom et sans histoire, c'est un peu un rêve qui n'en finit pas d'arriver ou l'interminable agonie d'un désir d'enfant », écrit le docteur Catherine Nessmann [1].

Dans les années qui suivirent, malgré les apparences et la naissance de deux autres enfants, le deuil ne s'accomplit pas.

Cela se manifesta pour Claire de bien cruelle façon : les intervention chirurgicales se succédèrent, plus ou moins graves mais jamais évitables, nécessitant toujours une anesthésie. Comme si à son insu quelque chose devait être inlassablement recommencé. Et chaque fois elle disait : « Je ne redoute pas l'intervention ni l'anesthésie mais j'appréhende tellement le réveil. Car chaque fois, avant de reprendre tout à fait conscience, dans ce temps hors du temps, j'attends que soit prononcé la phrase fatidique : "Vous avez un beau bébé bien vivant..." Et pour moi, c'est comme si jusque-là j'avais fait un cauchemar. Et chaque fois il me faut affronter, une fois de plus la réalité : Gwenaël est mort. »

Pour aller jusqu'au bout, mesurer la profondeur de ce dramatique refus de la vérité à celle qui l'a si instamment demandée, il me faut encore raconter l'inconcevable. Ce à quoi j'aurais eu du mal à croire si je ne l'avais vu vivre alors.

Dix années plus tard et par un invraisemblable concours de circonstances, on modifia le tracé d'une allée du cimetière. Il fallait absolument déplacer une tombe : celle du bébé de Claire.

Dans un tel cas une exhumation est nécessaire en présence d'un membre au moins de la famille. Claire tenait absolument à être présente. Malgré tous les efforts de persuasion développés par ses proches, elle ne lâchait pas prise.

« J'y serai et de préférence seule, afin de rester et de pleurer aussi longtemps que j'en aurai besoin. » Peut-être même ajoutait-elle : « Enfin... »

---

1. Catherine Nessmann, « Plaidoyer pour le fœtus sans devenir », in *Le Quotidien du médecin*, 20 septembre 1995.

Ce fut ainsi. Et alors seulement, à son retour, j'entendis cette phrase inimaginable qu'un sourire lumineux éclairait : « C'est bien ainsi, c'est comme un immense soulagement. Enfin, j'ai pu enterrer mon petit garçon... »

Le rituel était accompli, la réalité enfin reconnue, acceptée, possible à affronter, à vivre.

Dans son beau livre sur le deuil. Marie-France Augagneur évoque le douloureux cheminement, celui qu'a connu Claire, et sa résolution des années plus tard : « Après un laps de temps absolument imprédictible, petit à petit ou soudainement, un cap est passé, un virage se prend au fur et à mesure de nouvelles acquisitions, de nouveaux avènements, les proportions s'inversent, libérant effectivement l'énergie polarisée, l'affect devient vacant... »

Encore faut-il que les conditions du deuil, celles qui vont permettre qu'il s'accomplisse, même au prix d'une grande douleur, soient remplies.

Claire a autorisé mon récit et a bien voulu le compléter ainsi : « Parce que je l'avais tellement senti vivant en moi, parce qu'il me réveillait souvent la nuit déjà pour bien me rappeler sa présence, il fallait que je le voie, même mort. Il fallait absolument que sa présence me prouve que j'avais réussi quelque chose de presque fini, même si déjà il s'était endormi pour l'éternité. On s'attendrit toujours devant un bébé qui dort, si paisible. On m'a volé ce moment d'attendrissement que j'aurais pu avoir, auquel j'avais bien droit et dont j'avais tant besoin. C'était à ce moment-là comme si je me devais de l'accompagner un temps dans ce sommeil sans réveil. Il aurait eu alors, par un baiser que j'aurais pu lui donner, comme mon consentement à partir.

« On m'a frustrée de la seule démarche qu'il me restait encore à faire pour lui.

« Depuis que j'ai assisté à son inhumation, je ne suis jamais retournée sur sa tombe. Il est là-bas, je le sais, et c'est comme si j'en étais maintenant comblée, apaisée.

« Pendant ces dix années j'avais pu, j'avais réussi à me créer une image extrêmement précise de "mon bébé rêvé". Cette image ne m'a pas quittée pendant dix ans. Si j'avais su dessiner, je l'aurais esquissée très précisément. Une image que je porte encore dix-huit ans après, qui n'est celle d'aucun de ses frères et sœurs, mais je n'ai jamais su définir ses yeux... Toujours fermés pour moi. Jamais son sourire non plus.

« Cette image m'était essentielle. Je la portais en moi en allant au cimetière. En caressant juste une fois son tout petit cercueil, j'ai enfin pu lui donner l'autorisation de se retirer, de me quitter.

« Ce que j'aurais pu faire le premier jour...

« J'étais ainsi allée au bout de ma peine, au bout de ma tâche : j'avais enfin terminé mon petit garçon, mon fils aîné... »

Pour avoir vécu de façon très intime l'histoire de Claire, car c'est ma fille, j'éprouve à chaque naissance à laquelle j'assiste une grande joie. Sans doute ai-je besoin de vérifier inlassablement que la vie est logiquement l'aboutissement de la naissance.

L'accompagnement de ces jeunes mères, la réalité de l'accouchement, fût-il anonyme, ne cessera pas de me questionner, je le sais. Claire nous a appris combien il est indispensable d'entendre, de respecter le désir de la mère, de l'aider à le vivre, même s'il nous paraît à nous impossible, impensable : même s'il nous bouleverse.

Il est des choix que nous refusons d'entendre, prêts à les nier, parce qu'ils nous sont insupportables. Ne sommes-nous pas tentés d'aménager la réalité comme nous l'entendons, afin d'échapper à l'émotion qu'elle suscite ?

L'abandon à la naissance exige aussi que le travail de deuil s'accomplisse et soit respecté.

Comme le dit Corinne : « Pour moi, vous comprenez, ce n'est pas comme s'il était mort puisque... il vit. »

Dans l'abandon, Corinne le sait, « la mort n'est pas passée par là ». Et comme Nathalie, Malika, Élisabeth, Corinne sait déjà que lorsqu'elle pensera à son enfant, ce sera en le nimbant des couleurs de la vie.

Laurence ou l'amour en moins

L'amour maternel n'est qu'un sentiment humain
Et comme tout sentiment, il est incertain, fragile et imparfait.

Élisabeth BADINTER [1].

Avant de raconter Laurence, j'aimerais évoquer deux petites filles. Non que je souhaite m'immiscer dans le débat sur l'inné et l'acquis ou disserter sur l'instinct maternel. Mais les comportements de celles-ci m'ont aidée à mieux comprendre celle-là.

Béryl a tout juste quatre ans.

Avec des gestes de mère accomplie à laquelle « l'amour en plus » n'aurait pas fait défaut, elle s'occupe de sa poupée depuis un long moment. Elle ne se sait pas observée, me semble-t-il, mais les enfants pressentent tant de choses que je m'efforce de me faire encore plus discrète. Elle niche Chloé au creux de son bras comme si elle pesait réellement de lourds kilos, dont toutes les mères sont justement fières, et elle attend avec patience la fin du biberon. Elle la regarde avec fierté, attendrissement même. Puis, quand Chloé est censée avoir bu la dernière goutte, elle la redresse délicatement et lui tapote le dos. Elle la couche, la borde avec des gestes appliqués, a encore une caresse, un mot gentil, puis elle va jouer à autre chose.

Pas de bébé dans son entourage. Seul, un grand frère lui fait partager des jeux plutôt énergiques. Où a-t-elle appris ces gestes précis, efficaces, faciles à imiter ? Transmis aussi de génération en génération, mais comme réinventés par

1. *Op. cit.* et revue *Parents,* juin-juillet 1979.

elle. Ils lui procurent, c'est évident, une réelle satisfaction. J'irai jusqu'à dire : celle du devoir maternel accompli.

Un peu plus tard, vigilante, elle revient près du berceau. Elle déshabille une fois de plus sa Chloé en poussant un gros soupir et me prend alors à témoin : « C'est fatigant, les enfants, elle a encore fait pipi... »

Mais elle entend son frère l'appeler, change prestement de projet et plante là Chloé qui dévale l'escalier.

Caroline a bientôt huit ans. Deux grands frères.

Il semble que les poupées n'aient pas jusque-là tenu un grand rôle dans sa vie. Sa mère, psychologue, a pris soin de ne pas « induire des comportements » : on ne sélectionne plus les jouets destinés aux filles et aux garons (me trompé-je en notant cependant qu'il y a toujours réticence à offrir des poupées ou des dînettes aux garçons...).

Son père me semble être de ceux qui font preuve d'attitudes maternelles. Les nouveaux pères sont censés partager les joies de la naissance, comme les tâches que l'on appelait féminines à la génération précédente. Le « maternage » est accompli indistinctement par l'un ou par l'autre. Les mères n'ont plus le monopole de la tendresse et inversement, semble-t-il, les pères n'ont plus celui de l'autorité.

Encore doit-on s'interroger sur ces nouveaux comportements. Ces nouveaux pères qui maternent à l'image et à l'égal de la mère subissent-ils l'intentionnelle pression des nouvelles mères ? Ou se soumettent-ils à l'injonction de la société ?

Élisabeth Badinter, qui soulève savamment ces délicates et passionnantes questions, note qu'un faible pourcentage d'hommes souhaiteraient rester à la maison pour s'occuper des enfants, pendant que leur épouse travaillerait à l'extérieur pour gagner la vie de la famille. Ainsi, la grande majorité des hommes accepteraient le partage des tâches familiales mais pas la substitution des rôles traditionnels... Quelques décennies viendront-elles infirmer ou confirmer ces comportements ? Et qu'en est-il de leur spontanéité ?

Quoi qu'il en soit, on me demanda de satisfaire au désir — ou au besoin — de Caroline de se voir offrir un bébé « aussi vrai que nature et avec beaucoup d'habits... ». Me sentais-je rassurée parce que cela m'apparaissait comme l'affirmation de sa féminité ? Je n'ai pas oublié, bien sûr, les codes de ma génération.

J'eus cependant un moment de doute en la voyant saisir maladroitement par les pieds ce nouveau-né, exactement ce que le Dr Bernard This recommande de ne pas faire.

Le doute persista jusqu'à ce qu'un talentueux photographe m'offre une jolie photo. Il avait saisi une attitude de Caroline : son petit doigt s'était glissé dans la main entrouverte du bébé ; son regard montrait, dans le même temps, une telle intensité, une telle intériorité, que la chaleur de l'amour maternel s'y trouvait authentifiée.

« L'amour maternel n'est pas une vocation naturelle, mais un état d'âme permanent. L'amour maternel ne s'invente pas, ne s'improvise pas, ne se justifie pas. Il est un jour et pour toujours. C'est ainsi que je le conçois, moi qui n'ai jamais dit maman autrement que par habitude », écrit Agnès Laury dans « Le don d'abandon[1] ».

Laurence n'a pas seize ans lorsqu'elle arrive au foyer maternel. Elle y est très vite acceptée, car elle est « facile, gentille et serviable à souhait », disent les monitrices.

Son enfant naîtra dans quelques semaines. Pour l'instant, elle s'occupe activement des enfants des autres, avec une remarquable compétence : « Je sors pendant deux heures. Tu lui donneras son biberon si je ne suis pas rentrée... ? »

On peut être tranquille : avec Laurence, le biberon sera donné à l'heure indiquée, avec les gestes précis et efficaces qu'une maman experte prodigue naturellement.

Laurence semble dire aussi : « Voyez quelle bonne mère je suis » — avec les enfants des autres... Qui veut-elle rassurer ?

Elle vient régulièrement aux réunions du groupe. Attentive au déroulement des diapos qui évoquent le temps de la grossesse, le temps qui passe, et ce qui s'y passe. Attentive aussi aux questions qu'elle ne pose jamais elle-même. Je partage la satisfaction de tous à ne pas avoir de difficultés avec elle. Pourtant, ce regard trop sérieux, cet air parfois

1. « Le don d'abandon », in « Un enfant », *Autrement*, n° 35, 1981.

buté, un peu ironique, m'intriguent. Sa façon aussi de ne pas sembler tenir compte de son ventre, de marcher, de s'asseoir sans en être encombrée. Comme si elle ne le voyait pas, comme s'il ne pesait rien.

Un jour, je dois reprendre, pour de nouvelles arrivées, la séquence concernant les neuf premiers mois de la vie. Elles revoient sans se lasser le bébé *in utero*. Chacune situe sa grossesse : « Moi, j'en suis là, il est déjà comme ça... »

Tout à coup, Laurence parle :

« Moi, je me demande si je suis enceinte... »

On rit autour d'elle. Non pour se moquer car le ventre de Laurence ne laisse aucun doute sur le diagnostic et la date prochaine de l'accouchement.

« Qu'est-ce qui vous fait dire cela, Laurence ?

— Une impression... Vous savez, on se trompe quelquefois... »

C'est vrai, hélas, mais plus souvent en ne dépistant pas une grossesse proche du terme.

« Moi, je pense que j'ai peut-être de l'aérophagie, ou comme on dit, une grossesse nerveuse... Ça existe ! »

Conciliante, elle nous laisse le choix de l'erreur.

« Mais tu le sens pourtant bien bouger ? insiste Frédérique.

— Oui, ça bouge, c'est vrai, mais je me dis que c'est peut-être mon intestin. Ça arrive bien que l'intestin ou l'estomac gargouillent comme ça. »

Certaines éprouvent un peu de malaise, comme si le doute les saisissait. Une sorte d'espoir, après tout, puisque quelquefois on se trompe, Laurence l'affirme.

« Et si on s'était trompé justement, si ce n'était pas un bébé, qu'est-ce que cela vous ferait, Laurence ? »

Elle réfléchit sérieusement, sans que cela semble l'émouvoir. « Ça m'ennuierait... parce que maintenant, j'ai tout acheté pour un bébé. »

Un autre jour, je la trouve seule, affalée dans un fauteuil :

« Si vous saviez comme je m'ennuie ici... »

Elle a l'air de dire : « Je me demande ce que j'y suis venue faire. »

Je provoque un peu :

« Vous n'avez pas envie de tricoter pour lui ?

— Ah non ; je sais faire, mais justement, je n'ai pas envie. »

La semaine suivante, elle n'est pas là lorsque nous commençons la réunion. Les « mineures » — c'est ainsi que l'on nomme le groupe — sont soulagées de me préciser : « Elle est allée passer une échographie ; elle ne pourra plus dire qu'elle n'est pas enceinte ! »

En effet, Laurence arrive un peu plus tard, l'air détaché et ce ventre toujours plus proéminent qui ne semble décidément pas lui appartenir. Elle est assaillie de questions :

« Alors, cette fois, tu l'as vu ? »

Étonnement non feint de Laurence :

« J'ai vu quoi ?

— Mais enfin, ton bébé...

— Oui, j'ai bien vu un bébé, on me l'a montré sur l'écran, mais je ne l'ai pas vu dans mon ventre. »

L'image sans la parole ne veut rien dire. L'échographie ne prend donc sa valeur qu'à travers l'attente de la mère. Laurence ne peut transposer de l'écran *en* elle-même un enfant qu'elle se refuse à mettre au monde un jour.

Une autre aurait pu être inquiète ou déçue de ne voir que ce qui apparaît sur l'écran, alors que, lorsqu'elle communique avec lui, qu'il bouge en elle, elle le voit déjà dans son imagination comme un petit homme. Aidée des paroles du spécialiste, elle dira ensuite avoir clairement situé son cœur, sa tête déjà grosse comme ça et qu'elle l'a vu sucer son pouce [1] !

Dans le cas d'un accouchement anonyme, le médecin doit s'enquérir, avant tout commentaire et avant même que l'écran soit allumé, de ce que la jeune femme souhaite connaître de l'enfant. Ce n'est pas lorsqu'il le voit qu'il doit poser la question. Il doit attendre le moment où le désir surgit. Alors que la décision de « ne pas savoir » repose sur une réflexion et une écoute de son propre désir.

Peut-être la jeune femme sait-elle que si c'est une fille, par exemple, elle aura plus de mal à s'en séparer. Quelle souffrance alors pour elle si elle n'est pas encore préparée

1. Eliane Feldman-Desrousseaux, Michel Delcroix, *Naître aujourd'hui*, Inter-Éditions, 1990.

à assumer l'information ! Un enfant sexué est encore plus un être humain.

Le silence face au désir de la mère pourrait laisser penser que le médecin n'a pas cherché à voir, à savoir. À moins que ses propres désirs pour l'avenir de ce bébé ne l'incitent à utiliser cette vulnérabilité qu'il pressent... On oublie trop souvent qu'une femme doit se faire parfois violence dans sa décision et que se faire mal inutilement ne changera rien à la situation qui l'a poussée à cette détermination ; du moins à celle du moment.

Il faut absolument être respectueux et attentif. La même situation peut être interprétée différemment. Ainsi en est-il, par exemple, des bruits du cœur lors de l'échographie, ce martèlement qui envahit la pièce.

Il faut avoir vu Hélène se couvrir les oreilles de ses mains, « ça fait trop mal », attaquée qu'elle était par une telle présence. À l'inverse, Marianne se sentait confirmée dans sa décision : « C'est bien un bébé, c'est bien un enfant vivant qui s'impose alors si bruyamment, si éloquemment, il prend déjà tant de place, alors qu'il n'y en a pas pour lui dans ma tête, dans ma chambre, dans ma vie ; qui réclamera du temps, de l'espace, un père, tout ce que je ne peux pas, quoi que je fasse, lui donner... »

Il ne s'agit pas non plus de taire ce qu'elle désire savoir de l'enfant parce qu'on craint qu'elle ne revienne sur sa décision. Les risques sont-ils pour nous ou pour elle ? Seul importe ce que la jeune femme souhaite vivre de cet examen. C'est cela qui doit nous préoccuper.

Ainsi Laurence : tous ses sens avaient dit non à cet enfant. Je prends alors prétexte de son accouchement prochain pour lui proposer de la rencontrer, seule, si elle le désire, pour la préparer à cette naissance. En règle générale, on ne parle en réunion de synthèse que de celles qui « posent problème », et je n'ai pas entendu dire qu'elle accoucherait « sous X ». Mais, je l'ai déjà dit, je ne m'enquiers pas, avant d'entreprendre un cycle de réunions, de l'existence possible d'une telle démarche, d'autant plus que « les autres » doivent l'ignorer puisque c'est quasiment la règle, à moins qu'elles ne la transgressent « à leurs risques et périls », leur dit-on.

Laurence accepte avec empressement ma proposition. Elle se montre très coopérative dès le début de l'entretien et je n'ai rien à solliciter. Il apparaît très vite que cet enfant, elle ne l'a pas fait *avec* Alain, mais *contre* sa mère et sa grand-mère. Elle m'explique alors la complexité de la famille : des frères et des sœurs, des demi-frères, mais une vraie sœur quand même ; un mari de sa mère qui n'est pas son vrai père quoique sa mère l'affirme, alors que sa sœur et elle sont sûres que c'est cet homme qui vient encore souvent et se montre le plus gentil avec elles deux seulement...

Nous sommes en pleine confusion.

Sa mère est furieuse qu'elle soit enceinte et cela semble amuser beaucoup Laurence, qui en rit franchement, comme d'un bon tour qu'on a réussi. Mère et grand-mère ont décidé qu'elle devait abandonner cet enfant et que, d'ailleurs, elle ne reviendrait à la maison qu'à cette condition.

« Alors, justement, moi je le garde, et ça va bien les emmerder. Mais je ne veux pas accoucher *(sic)* et j'ai demandé une césarienne. Seulement, on me répond que tout va bien, qu'il n'y a aucune raison, et on me la refuse. Alors moi, j'ai décidé, je ne pousserai pas... »

On eût dit qu'elle se prenait à espérer, à rêver, que cette chose à l'intérieur d'elle-même, si difficile à nommer, y reste à tout jamais et ne devienne jamais un bébé vivant.

La réunion de synthèse a lieu le lendemain et je dis mon inquiétude au sujet de Laurence.

« Mais non, il n'est pas question d'abandon, même si sa mère le souhaite. D'ailleurs, vous avez bien remarqué comme elle est maternelle. Si elle n'a pas de bébé à garder au foyer, elle va à la pouponnière s'occuper de ceux des autres. »

Je ne veux pas inquiéter davantage l'équipe que je sens même sur la défensive. Mais je reste perplexe : les dénégations m'auraient-elles ébranlée ? Elles me rendent encore plus vigilante aux signaux qu'adresse Laurence, de plus en plus précis, avec maintenant une sorte de détresse qu'on lit dans son regard et que ses camarades ressentent ; elles ne cachent pas leur inquiétude.

La réunion, quelques jours plus tard, a justement pour

thème l'accouchement. Laurence, devant le groupe, exprime alors son refus d'accoucher et de faire quoi que ce soit pour favoriser cette mise au monde. Puis, brusquement, elle met sa tête dans les mains, se cache les yeux comme une petite fille qui ne veut pas voir.

« Et puis, si vous saviez comme j'ai peur... »

Enfermée dans son refus, raidie par l'appréhension, elle balance la tête avec son petit air buté.

« Non, non », répète-t-elle.

Son accouchement est imminent et je compte encore sur cette ultime chance pour Laurence, pour son enfant. Ce temps tellement fort où tant de choses prennent leur sens, éclosent *in extremis*...

Ainsi, si l'abandon n'avait jamais été abordé avec elle, jamais « parlé », il fallait profiter de ces heures privilégiées dont l'intensité est exceptionnelle pour laisser s'exprimer, surgir peut-être, le désir qu'elle a de cet enfant — s'il existe tant soit peu. L'aider à faire vivre cet enfant en elle pendant qu'il était temps encore pour qu'il devienne quelqu'un et non plus « ça ». Parviendrait-elle enfin à exprimer son désir d'abandon, renonçant à régler, par le biais de cet enfant, ses comptes avec sa mère ?

Dire sa peur, c'était comme lancer un ultime appel. Il rejoignait le refus de pousser qu'elle avait exprimé et qui traduisait son angoisse de mettre au monde un enfant pour lequel elle n'avait aucun désir. Cette angoisse qui s'installait en elle, n'avait-elle pas une autre cause ?

Laurence me semblait prendre peu à peu conscience d'avoir fait quelque chose aux conséquences éminemment graves, une grosse bêtise de petite fille si malheureuse. Le déni de grossesse qu'elle avait exprimé par les refus successifs de l'évidence avait été longtemps une échappatoire. Maintenant que l'accouchement était imminent, il ne constituait plus une issue. Pas plus que l'abandon. Que lui serait-il resté, pour dire à sa mère, à sa grand-mère ce qu'elle n'avait jamais pu exprimer ?

Au foyer, pour rassurer, pour se rassurer aussi, elle avait voulu prouver qu'elle était une bonne mère — image valorisante s'il en est dans ce lieu — avec les enfants des autres. Et elle avait réussi ! Mais ce ventre si plein, le sien, ce bébé dont elle n'a que faire... Et cette mise au monde qu'elle ne veut pas savoir...

« Si vous le souhaitez, Laurence, et si la sage-femme est d'accord (il faut tout envisager...), vous lui demanderez de me prévenir quand vous arriverez à la maternité. Quelle que soit l'heure, je viendrai. »

Et pour qu'elles toutes ne se méprennent pas sur ma présence auprès d'elle : « Vous rappellerez à la sage-femme que je suis aussi infirmière. »

« Vous verrez, cela se passera bien, et la souffrance, je la prendrai avec moi... » Une phrase sans beaucoup de sens à laquelle pourtant elles donnèrent une signification.

Laurence eut un grand et vrai sourire. Et je sentis beaucoup plus qu'une adhésion de sa part. Ses camarades aussi se montrèrent soulagées. Elles aimaient bien Laurence et l'angoisse commençait aussi à les étreindre. Je savais qu'elles entendaient, dans cet accompagnement exceptionnel que je proposais, qu'elles-mêmes étaient éventuellement « assez grandes » pour se passer de moi.

Je fis part de ma proposition à l'éducatrice présente ce jour-là. Elle approuva mon projet, soulagée elle aussi.

À la réunion qui suivit avec le personnel du foyer, je pensais exposer la situation telle que je l'avais trouvée, ce que j'avais perçu des propos et du comportement de Laurence et la proposition que je lui avais faite.

Je n'en eus pas le temps car je fus littéralement agressée. Chacun était resté sur ses certitudes : Laurence était et serait une bonne mère. Et puis : « Vous nous avez mises dans une drôle de situation », me dit une autre éducatrice que je n'avais pas rencontrée. Elle s'expliqua, mécontente : « Le soir même, elles m'ont demandé si moi, j'accepterais de venir les aider à accoucher. Vous vous rendez compte ? Où allons-nous ?... »

Il aurait été intéressant de se demander pourquoi, plus futées qu'on ne semblait le penser, les jeunes femmes avaient ainsi provoqué cette éducatrice...

L'agressivité se retournait contre moi, semblait-il :

« Curieux, ne trouvez-vous pas, ce désir de maternage

que vous avez sur elle ? questionne le psychologue du groupe.

— Mais pourquoi éprouvez-vous le besoin d'aller tenir la main de Laurence ? » me demanda-t-on encore.

Sans doute aurais-je dû répondre aux uns et aux autres qu'ils n'avaient peut-être pas entendu Laurence et bien mal compris mon projet. Que si je n'étais pas nette avec mes propres désirs, il y a bien longtemps que tout aurait chaviré pour moi ; que je n'avais pas attendu une telle remarque pour faire régulièrement une remise en cause de mes comportements, de mes interventions ; qu'ils n'avaient peut-être pas compris ce que Laurence se donnait tant de mal à nous exprimer, que cela devait leur « poser question », comme on se plaisait à le dire...

Je sentais l'agressivité monter et personne dans l'équipe n'était là pour analyser de temps en temps ce qui s'échangeait et, de l'extérieur, nous éclairer sur nos comportements respectifs. J'étais navrée de constater que mes intentions avaient été si mal interprétées avant même que j'aie apporté le moindre éclaircissement ! Alors, je me tus, pensant que plus tard il serait possible de reprendre un échange plus constructif.

En partant, je rencontrai Laurence. Elle m'attendait au bas de l'escalier. Elle semblait savoir que l'on avait parlé d'elle — ou que, du moins, on devait le faire. Je vis une grande tristesse dans son regard. Celui d'une petite fille en faute, grondée sans ménagements :

« Vous savez, madame, pour l'accouchement... Je ferai bien comme tout le monde, j'irai toute seule...

— Je sais, Laurence, que tout se passera bien, que vous saurez accoucher même si je ne suis pas là. Cependant, ce que je vous ai proposé n'est pas changé. C'est à vous de voir. Je viendrai quand vous le voudrez. »

Je réfléchis beaucoup à Laurence ce soir-là. Je ne pouvais pas tolérer que les jeunes femmes fassent les frais des conflits de personnes. Était-ce aussi le moment du bilan ? Depuis presque quinze ans je travaillais régulièrement dans ce centre maternel. L'équipe se renouvelait, mais j'étais toujours présente. Sans doute avais-je accumulé beaucoup d'expérience. Chacun n'a-t-il pas à son tour le légitime désir de découvrir, d'innover ?

Laurence accoucha la nuit même et me téléphona.

« Madame, c'est moi, ça y est... il est sorti ! »

Elle avait décidément l'art des formules éloquentes.

« Vous voulez que je vienne vous voir ?

— Oh oui ! S'il vous plaît... »

Laurence est seule dans une grande chambre à trois lits. Elle est assise près de la fenêtre, une chaise attend en face d'elle. Elle me fait signe de m'asseoir là.

Elle tente de raconter : « L'accouchement, oui, ça c'est bien passé. »

Elle ne trouve pas grand-chose à dire. Rien que de très banal, le déroulement habituel. « Finalement, ça ne fait pas mal. »

Elle ne parle que d'elle, en monologue. Mais bientôt : « J'ai téléphoné à ma grand-mère. Elle n'a pas le temps de venir et elle dit que cela la fatiguerait. Elle n'habite pas loin, pourtant... »

Un petit rire sort de sa gorge, presque un sanglot et sur son visage, ce qui voudrait être sourire devient rictus.

Comment régler ses comptes avec cette grand-mère indigne ? Comment liquider un tel contentieux avec cette mère au tempérament pervers ? Laurence n'a pas quitté l'adolescence qu'elle n'a connue qu'à travers la rébellion. Une grand-mère qui refuse de l'être et dont elle espère encore ; un enfant dont elle n'a que faire, elle le dit sans le savoir, sans s'entendre elle-même... D'ailleurs personne ne l'entend.

Devant cette ingénuité qui ne l'a pas quittée et « qu'elle nous donne à voir » comme dirait le psychologue, ces comportements qui lui échappent et qui nous sautent en plein visage, quand on n'a pas peur d'ouvrir les yeux, je me sens démunie d'une parole qu'elle ne semble pas même attendre. Je voudrais cependant qu'elle ne sente dans mon regard ni pitié — elle est si pitoyable — ni tendresse non plus — elle en a tant besoin. Ce serait pourtant facile, mais inutile. Ce qu'elle attend ne peut venir de moi et ne parviendrait qu'à faire illusion, un temps trop court...

Elle se lève alors brusquement, va jusqu'au berceau, dans

le coin le plus sombre de la pièce, se saisit du bébé tellement silencieux qu'on aurait pu l'oublier.

Elle le porte à bout de bras, sans le regarder, et me le pose sur les genoux :

« Tenez », dit-elle simplement.

Ce bébé qu'elle me « donne », je ne peux le prendre dans mes bras ; je n'en suis ni la mère ni la grand-mère de substitution. Laurence ne doit pas, là encore, se faire illusion.

Comme j'ai vu le Dr This le faire, j'entame avec le bébé un monologue qui se veut dialogue avec Laurence : une présentation de l'enfant à sa mère et d'elle à son enfant. Cet enfant qu'elle n'a pas fait pour l'avoir, qu'elle n'a pas non plus accepté de faire vivre en elle pendant ces mois de vie partagée.

Un enfant sans désir d'enfant.

Une mère sans amour pour lui.

J'essaie de mettre dans mes paroles, dans mes gestes, ce que Laurence pourrait peut-être enfin comprendre, ce qui pourrait éclore maintenant. Tellement maternelle avec les enfants des autres, Laurence ne pourrait-elle enfin être un peu mère avec le sien... ?

Elle écoute pourtant avec attention, mais cela ne l'émeut pas. Sans brusquerie, mais sans tendresse, elle reprend le bébé silencieux, le porte dans son berceau et revient s'asseoir. Je peux encore proposer :

« Si vous voulez, Laurence, je reviendrai vous voir.

— Oui, mais ce sera au centre maternel. »

Je la revois en effet au foyer quelques jours plus tard.

« Voulez-vous *le* voir ? »

Elle emploie toujours ce masculin ambigu. Cette petite fille, dont je n'ai pas su non plus retenir le prénom, reste pour elle « le bébé » auquel elle n'a pas consenti.

Elle m'entraîne dans sa chambre. C'est un bel après-midi, doux et ensoleillé. Mais les volets sont fermés, les rideaux tirés. « C'est pour qu'il dorme mieux. » Elle ne souhaite pas en dire plus sur ce bébé, mais elle parle d'elle volontiers. Elle est retournée dans sa famille le dimanche précédent, avec l'enfant, mais elle a dû « passer par le garage ». Sa mère l'avait exigé, afin que le voisinage ignore cet enfant.

Elle me fait part aussi d'un projet que sa mère a mis en place : « Elle a encore inventé autre chose, elle veut que je renoue avec Alain... » Laurence ajoute encore quelques bribes de phrases, des monosyllabes : ce projet n'est encore pas le sien. Je ne lui retrouve pas non plus ce petit air mi-sérieux, mi-futé que je lui connaissais. Son regard est devenu dur, parfois fuyant. Il me semble que la violence rôde.

C'est comme si cette grossesse, cette naissance n'avaient servi à RIEN. Elle n'a pas été entendue, pas été comprise. Le déni si puissamment exprimé lui avait permis de passer les mois de grossesse, de supporter la déception. Maintenant que le bébé est là...

Elle ne veut pas l'abandonner, ce serait accéder au désir de sa mère et que lui resterait-il alors pour dire l'indicible souffrance ? Elle n'en supporte pas la présence. Déjà, il vit dans le noir « pour mieux dormir »... C'est une petite fille amère qui, bientôt, quitte le foyer.

À quelque temps de là, l'éducatrice qui avait acquiescé à mon projet d'accompagnement me donna de ses nouvelles : « Ça va très mal pour Laurence », dit-elle, prête à raconter...

Je ne voulus pas savoir. Avoir eu raison ne m'intéressait pas puisque je n'avais rien pu, ou si peu, pour elle. J'eus, ce jour-là, une pénible impression de découragement. Un projet se précisa, devint bientôt une certitude. Une nécessité : j'allais quitter le centre maternel. Et, le soir même, je préparai ma lettre de démission.

Je ne suis pas revenue sur ma décision et n'ai pas regretté de l'avoir prise. Je n'aurais pas accepté que la routine s'installe dans mon travail. Il me fallait peut-être cette occasion exceptionnelle de me démettre pour ne pas risquer de me soumettre. Longtemps après, je n'ai rien oublié, bien sûr, de l'histoire de Laurence.

C'est un des cas les plus tragiques que j'aie rencontrés. Je ne sais quelle en fut l'issue.

Je voudrais pouvoir espérer encore que Laurence a compris avant qu'il ne soit trop tard que l'on ne règle pas ses comptes avec un enfant, si grande soit la détresse ressentie et si désespérément vaines qu'eussent pu être ses tentatives.

Cet instinct maternel dont elle faisait preuve avec les enfants des autres, l'aura-t-il inspirée et guidée jusqu'à envisager l'avenir de ce bébé ? Elle en avait le droit, les moyens. A-t-elle accepté de donner à cette petite fille silencieuse, avant qu'elle ne soit trop meurtrie d'être non reconnue, ce dont elle même avait tant rêvé : une famille ?

Dany, interdite de rêve

> *Avant toi, c'est toi qui le sais, tu peux t'en souvenir peut-être... Ta maman a souffert et ne pouvait te garder. [...]*
>
> *Quel que soit l'acte commis dans la réalité par un adulte responsable d'un enfant... cet enfant a en lui un trésor de pardon, à condition qu'on lui donne les moyens d'admirer son géniteur non pas dans sa faute, mais dans l'être qui en lui souffre.*
>
> Françoise DOLTO [1].

Elle fut annoncée par un appel téléphonique de son gynécologue : « Je reçois en ce moment une patiente que je connais bien. Elle est enceinte de huit mois et elle ne gardera pas cet enfant. Pouvez-vous la voir et en parler avec elle... »

Elle arrive une heure plus tard accompagnée de sa fille : « Patricia va m'attendre ici. »

De la porte, celle-ci acquiesce avec un gentil sourire et se replonge dans une revue.

Dany porte sa grossesse simplement, sans intention de la cacher et comme si ce n'était pas lourd pour elle. C'est aussi sans difficulté apparente qu'elle situe son problème sans que j'aie à questionner. Cela me convient : écouter, être attentive à ce qui se dit et ainsi permettre l'expression spontanée.

« J'ai trente ans et déjà une fille de treize ans. Vous l'avez vue... »

Elle sourit en l'évoquant, une nuance de fierté dans son regard.

« Elle est intelligente et travaille très bien. Ce bébé que j'attends, je l'ai voulu pour nous deux... Elle en était si contente, vous pensez, à son âge, un tout-petit... »

Elle s'arrête sans me préciser ce qu'elle pense sans doute important de me dire de son histoire. Puis, comme si elle

1. *Quand les parents se séparent,* Le Seuil, 1988.

voulait que tout soit clair pour moi, avec simplicité, elle ajoute : « Il faut que vous sachiez : je “travaille”... »

Une hésitation, car après tout, elle ne me connaît pas et peut-être redoute-t-elle une réaction de ma part. Puis ses paroles se bousculent un peu.

« Autant vous le dire : je me prostitue. Toute ma vie a été tellement moche. J'ai eu une enfance affreuse. Ma mère ne nous aime pas. Je ne sais pourquoi elle a voulu des enfants. Elle n'aime personne d'ailleurs. Et elle a toujours été très dure avec moi. Mon père, je l'adorais... »

Elle me raconte, sans que je puisse le rapporter ici, comment il est mort tragiquement, sous ses yeux.

« Après, j'ai quitté la maison. Très vite, j'ai été enceinte de Patricia. J'avais à peine dix-sept ans. Alors, pour pouvoir l'élever, j'ai commencé à travailler comme je vous l'ai dit. Je voulais que ma fille soit bien élevée. J'avais un petit appartement pour nous deux, et je l'avais mise au cours B. Bientôt, j'ai eu assez d'économies pour m'acheter un petit commerce d'alimentation. J'ai arrêté mon travail. Un ami de mon père m'aidait. Lui et sa femme, ils ont été si gentils avec moi et ma fille. Je n'oublierai jamais tout ce qu'ils ont fait pour nous aider. Et puis, j'ai rencontré un jour un ami d'enfance. J'étais tellement amoureuse de lui quand j'étais jeune. Alors j'ai rêvé... J'ai voulu avoir un enfant de lui. »

Après un pauvre sourire, elle arrête son récit. Je remarque soudain comme elle a les traits marqués. Seul son sourire est encore jeune.

« Il n'en saura jamais rien. D'abord parce qu'il a une femme et je sais que cela lui ferait très mal s'il apprenait ce que j'ai décidé. J'étais si heureuse quand j'ai su que j'attendais un enfant. Je l'ai annoncé à Patricia. Je lui ai dit : “Écoute, on va se faire un bébé pour nous deux...” »

Dany répète cette phrase et je relève encore davantage l'ambiguïté de ce couple sans homme, totalement fantasmatique.

« C'est alors que tout a basculé. Un jour la police est venue m'arrêter. Ils ont dit que j'avais acheté mon magasin avec de l'argent sale. Ils ont embarqué l'ami de mon père en disant qu'il était mon proxénète — ça, ils n'avaient pas le droit ! Et puis ils sont allés chercher ma fille à l'école. Ils lui ont dit : "Tu sais que ta mère fait la putain ?" Ils l'ont dit aussi à la directrice de l'école. Elle a été formidable, elle est même venue me voir à la prison.

« Patricia a tant pleuré... Alors là, j'ai compris que moi, je n'avais pas le droit de rêver. Je n'ai plus rien. Plus de magasin, l'avocat à payer. J'aurai une énorme amende... J'attends mon procès. Et il faut bien que je continue à travailler de temps en temps pour tout payer.

« Vous me voyez me présenter devant le juge avec mon gros ventre ! Pour lui, ce serait le comble, il ne le comprendrait jamais. Je me suis affolée, j'ai voulu avorter mais j'avais tellement dépassé les délais... J'ai essayé "comme on faisait autrefois", mais ça n'a pas marché non plus. Finalement, c'est bien comme ça !

« Je vais bientôt passer au tribunal, et il faut que j'aie accouché. Le gynécologue m'a dit que l'on pouvait avancer la date, le bébé est gros et je ne suis pas loin du terme. Ici je suis interdite de séjour, je viendrai seulement accoucher. C'est décidé. »

Brusquement elle semble accablée.

« Comment voulez-vous que je le garde... »

Ce n'est pas une question qu'elle pose, c'est une évidence qu'elle exprime. Mais elle enchaîne aussitôt et je comprends que seule sa fille compte aujourd'hui pour elle :

« Patricia était si contente. J'ai de la peine pour elle. Je l'ai déjà un peu préparée. Je ne veux pas lui mentir, jamais. Déjà je lui ai dit tout à l'heure : "Tu vois, j'ai vu le médecin. Je sais maintenant que ce bébé, il n'est pas pour vivre avec nous..." Elle ne posera pas d'autres questions. Comme ça, je crois qu'elle comprendra quelque chose, juste assez... Et qu'il ne faut pas m'en demander davantage.

« À tout le monde je dirai qu'il est mort à la naissance. Une amie m'a dit que mes "clients" m'attendent. Ils demandent de mes nouvelles. Chacun croit que ce bébé c'est un peu le sien et ils veulent lui faire des cadeaux... À eux aussi je dirai qu'il est mort à la naissance.

« Mais pas à Patricia... Je ne peux pas lui dire non plus que je vais le donner. À son âge elle ne comprendrait pas et elle ne l'accepterait pas.

« Plus tard, je lui expliquerai. Elle est bien, vous savez, elle est intelligente ; plus tard, elle veut être avocate... »

Un beau sourire l'embellit. C'est comme si elle me l'offrait parce que j'ai deviné quelle cause Patricia souhaitait défendre un jour.

« Elle me dit quelquefois en pleurant : “Maman, arrête, je t'en prie, je ne veux plus que tu fasses ça.” Je le lui ai promis. J'arrête dès que j'ai fini de payer mes dettes, toutes mes dettes, et c'est lourd. Il faut bien aussi qu'on vive. Le juge m'a dit : “Vous n'avez qu'à faire des ménages !” Avec l'amende que j'aurai à payer, et l'avocat...

« Patricia a bien compris. Et je lui ai promis, je le ferai dès que je pourrai. »

Après un temps d'arrêt, Dany revient dans ce présent qu'elle est en train d'organiser. Moi, je n'ai aucune question à poser, rien à ajouter. Seulement écouter, comprendre. Apprendre aussi.

Elle s'exprime avec beaucoup de simplicité et semble réfléchir en parlant comme si une oreille attentive l'aidait à préciser sa pensée, à organiser son projet. Elle l'a d'ailleurs mûri plusieurs mois, depuis qu'elle sait que cette grossesse va à son terme. Il lui manque seulement de quoi en construire l'achèvement.

Je ne sais si elle aurait pu me faire part aussi lucidement de sa situation si quelques semaines plus tôt le gynécologue ne lui avait exprimé ce qu'elle me rapporte : « Vous savez, mon petit (elle insiste sur ce mot affectueux), maintenant, ce bébé il est là, et il continue. Je vois tant de femmes qui pleurent, ici même, parce qu'elles ne peuvent en avoir et pour lesquelles moi, finalement, je ne peux plus grand-chose. Et même souvent rien. Vous savez, vous ferez des heureux si vous ne pouvez pas le garder pour vous, cet enfant. Pensez-y. »

Elle me raconte encore comment elle a beaucoup réfléchi à ce projet à mesure que le temps s'écoulait, sous la menace du procès qui doit se dérouler juste au moment où elle va accoucher.

Avec une lettre du gynécologue, elle va encore, avant de repartir, prendre rendez-vous à la maternité où sera provoqué l'accouchement, sans attendre. Car elle ne peut se le permettre.

Je n'ai rien à ajouter. Sinon les détails très concrets qui ne sont pratiquement jamais donnés et préciser quel peut être mon rôle.

« Vous allez donc accoucher “sous X”, c'est-à-dire dans l'anonymat absolu. Vous viendrez à la maternité avec, dans une enveloppe que vous aurez préparée, votre identité complète ou celle d'une personne à prévenir “en cas d'accident”, cette personne connaissant bien sûr vos coordonnées. Vous la donnerez cachetée soigneusement et, à la sortie, on vous la rendra, également cachetée. N'apportez pas votre carte de Sécurité sociale, n'ayez aucun papier sur vous donnant votre identité. Dans la loi, la mère est celle qui accouche. Ainsi vous avez des droits que vous avez décidé de céder pour que votre enfant ait une famille dès que possible.

« Vous avez le droit de le voir ou non, de savoir ou non son sexe. Le droit de lui donner trois prénoms, parce que c'est très important pour lui de savoir que sa mère de naissance l'a nommé. »

« Nommer, c'est faire exister... Que l'enfant sache aussi qui lui a donné son prénom. Si c'est sa mère de naissance, cet enfant a existé pour elle et existe encore dans son esprit ; à chaque fois qu'elle pense à lui, elle le nomme de son prénom », dit la psychologue Bernadette Genay-Gaillard [1].

« Vous avez aussi le droit de le tenir ou non dans vos bras si vous le souhaitez. Pensez déjà à tout cela. Si vous voulez, vous me tiendrez au courant de la décision qui sera prise tout à l'heure à la consultation. Quand vous accoucherez, vous pourrez me téléphoner et je viendrai vous rejoindre si vous le souhaitez et quand vous voudrez. »

À ce moment-là, elle me regarda avec émotion et pleura, sans cacher son visage, avec de grosses larmes, comme aurait pu le faire Patricia.

« Vous savez, madame, j'ai déjà accouché une fois, je ne

1. « Enfance et famille d'adoption » in *Accueil*, n° 5/6, novembre 1987.

redoute pas. Et j'ai tellement l'habitude de me débrouiller toute seule. » Après un silence, elle ajouta calmement : « Et puis, il faut savoir ne rien attendre des autres, il faut seulement donner quand on peut... J'ai aussi appris cela dans mon métier. »

Comprenne qui voudra s'en donner la peine.

Moi, je ne pourrai pas oublier.

Quelques jours plus tard, Dany me prévint qu'elle entrait à la maternité le vendredi suivant, que l'on provoquerait l'accouchement le lendemain de bonne heure et qu'elle me téléphonerait. Je n'attendis pas son appel qui me semblait tarder ce samedi matin et j'allai à la maternité.

À la porte des « salles de naissance » je vis une sage-femme :

« Mme X est entrée ce matin. Désire-t-elle que je la rejoigne ?

— Oui, elle nous a parlé de vous et vous attend. »

J'avais bien entendu la petite phrase de Dany. Elle n'avait pas appelé, elle avait l'habitude de ne rien solliciter, mais cependant elle m'attendait.

J'enfilai prestement le sarrau, les petites bottes de plastique. De la porte entrouverte d'une des salles d'accouchement elle me vit et me fit un signe d'appel de la main.

Un petit garçon est né et il est près d'elle, dans la couveuse. Non qu'il soit trop petit, mais pour qu'il ait bien chaud, lui a-t-on dit. Je pense que la sage-femme, tout en le laissant près d'elle, a déjà mis ainsi quelque distance.

Je me place comme je le fais toujours, entre elle et la couveuse : c'est bien d'abord pour elle que je suis venue et je veux qu'elle le comprenne ainsi.

Elle ne s'attarde pas sur son accouchement : « Oui, tout s'est passé assez vite. J'ai demandé qu'on me le donne dans les bras. Je l'ai gardé un long moment... »

Elle baisse progressivement la voix. Ce qu'elle a à dire n'est pas pour la sage-femme, pour les jeunes élèves qui s'affairent dans la salle. « Je l'ai caressé, je lui ai dit que je l'aimais, qu'il était mon petit garçon... Je n'en avais peut-être pas le droit... »

Elle me regarde avec des yeux mi-coupables, mi-interrogateurs.

« Vous en aviez le droit, Dany, et lui, il en avait besoin. Ces paroles-là, au moment de sa naissance, il était bon qu'il les entende. Il fallait que vous les lui disiez puisque vous les pensiez. »

Elle a alors un regard vers lui.

« Vous avez vu, il est beau et il va bien. »

Ce petit bonhomme était « réussi », il est vrai, et je l'admirai avec elle. Il était nu et posé à plat dos sur le plan dur de la couveuse.

Peu de temps auparavant, il était encore lové, au chaud, au plus creux du ventre de sa mère, dans cette position que l'on dit fœtale, que les bébés (et quelquefois les adultes...), longtemps après, retrouvent encore spontanément. Il suffit de guider un peu les membres, les bras se replient, se croisent souvent sur la poitrine, sur chaque épaule ; les petits poings se serrent, les genoux rejoignent les coudes et on sait quel pied se posait sur l'autre spontanément *in utero*. Pendant des mois il avait connu cette position, de plus en plus à l'étroit. Même si de temps à autre, il détendait un bras, cognait énergiquement un pied contre un utérus rassurant.

Mais voilà que mis au monde, rien n'est plus là pour lui servir de limites, comme si on avait oublié que cela pouvait être important pour lui de retrouver un peu de ce qu'il venait de perdre. Il lançait dans l'air ses petits membres et ne réussissait pas à toucher, malgré ses efforts, une paroi réconfortante. Son visage montrait aussi comme un désarroi et il poussait des petits cris de malaise.

« Je crois qu'il a froid », s'inquiéta Dany.

Elle se laissa facilement rassurer et reprit : « Je l'ai appelé Mikaël, c'est aussi le prénom de mon petit neveu. »

N'y avait-il pas dans ce choix le désir d'entendre encore et souvent ce prénom, de le prononcer aussi, de faire glisser doucement le souvenir de son enfant jusqu'à ce petit garçon qui serait à proximité, qu'elle verrait vivre, grandir... ?

« Son deuxième prénom, c'est Ludovic, c'est celui que nous avions choisi avec celle qui devait être sa marraine. Pour son troisième prénom, je voudrais lui donner celui de mon père. Mais il s'appelait Léon, et ce n'est pas un prénom d'aujourd'hui. Alors j'ai choisi Louis, c'est le prénom de l'ami de mon père qui m'a tellement aidée. »

Tout était bien réfléchi chez Dany et je sentais un tel besoin de l'exprimer.

La sage-femme avait terminé. Gentiment, elle lui demanda : « Je vous le laisse encore un peu ou bien préférez-vous que je l'emmène ? »

Sans hésitation, comme si cela aussi elle l'avait prévu, Dany répondit : « Laissez-le-moi encore un moment. Quand vous m'emmènerez dans ma chambre, vous pourrez alors l'emmener aussi. »

Elle était jeune et avenante, cette sage-femme, et Dany me dit combien elle avait été gentille avec elle pendant l'accouchement. Elle l'en remercia.

« C'est normal, je n'ai rien à dire, rien à juger. »

Elle était à la porte et hésitait un peu. « Si vous avez besoin de moi, vous sonnez, je viendrai... »

Et encore après un moment : « Mais ce serait tellement bien si vous le gardiez... » Et elle sortit.

Je regrettai ces paroles. Si on ne permet pas de juger, on ne précise pas non plus ce que l'on trouve « tellement bien ». Cela ne sous-entend-il pas que l'inverse soit « tellement mal » ?

Pour Dany, j'eus un peu mal et le lui dis.

Elle fut plus indulgente que moi :

« Non, je crois que c'est normal qu'elle pense cela. Elle ne sait rien de ce qui m'a poussée à prendre cette décision. Et puis, elle a été si gentille avec moi... Dès que je serai dans ma chambre, je téléphonerai à Patricia, je lui ai promis. »

Il fallait aborder un autre sujet :

« Je dois maintenant prévenir l'assistante sociale de la DDASS ou l'œuvre d'adoption agréée qui s'occupera du bébé. Mais je voudrais que vous réfléchissiez avant sa venue. Elle vous posera certainement des questions sur vous. Avez-vous l'intention de parler de votre métier ? »

De bonnes raisons justifiaient mon appréhension. J'avais entendu, peu de temps auparavant, une directrice de l'Aide Sociale à l'Enfance, nouvellement arrivée dans le service, qui racontait avoir trouvé un dossier d'enfant né « sous X » portant la seule mention « inceste ». Je veux bien admettre qu'un tel comportement relève de la seule rigueur administrative et qu'il soit exceptionnel (je me sens indulgente en écrivant ceci...), mais ne peut-on craindre qu'un souci de précision, louable sans doute en d'autre occasion, n'incite à noter de la même façon : « mère prostituée » ?

Il est des vérités qui ne sont bonnes ni à découvrir ni à dire, sinon dans quel but ?

J'ai aussi rencontré des parents adoptifs affirmant : « Sa mère était une femme de mauvaise vie. » Était-ce une appréciation de leur part, une information qui avait accompagné la « remise » de l'enfant ? Une sourde appréhension ? Le passé de l'enfant lui appartient.

Après avoir rencontré Dany, j'ai souvent pensé aux enfants adoptés, devenus adolescents, qui se posent des questions sur leur mère de naissance. Encore que le fantasme de la prostitution se retrouve davantage, me semble-t-il, chez les parents adoptifs que chez les enfants adoptés. Dans ce cas-là, l'histoire de Dany peut être rassurante. Elle a été une mère désirante, une mère aimante, j'en suis le témoin.

Toutes ces pensées m'ont traversé l'esprit après que j'eus posé ma question. Dany avait laissé passer un long moment avant de répondre :

« J'y ai pensé déjà. Je crois que je ne peux pas le dire... »

Je ne sais plus si elle ajouta ou si je crus l'entendre : « Qui pourrait l'accepter, le supporter ?... »

Elle reprit, et cela je suis sûre de l'avoir entendu : « Et pourtant, c'est dommage. Il faudrait que l'on sache que nous aussi nous pouvons être généreuses. »

Quand je quittai Dany, elle était reposée, paisible. De temps en temps, elle regardait encore le bébé, sans insister. Il fallait qu'il s'éloigne d'elle, déjà.

Le lendemain, du bureau des entrées de la maternité on me lança un appel au téléphone, angoissé. Dany était partie, disparue, me dit-on. Moins de vingt-quatre heures après son accouchement, elle avait signé « sous X » une décharge. Le matin, très tôt, une amie était venue la chercher. On n'avait que mes coordonnées et on comptait sur moi pour la joindre, lui dire d'aller voir un médecin...

Méfiante, elle avait donné mes coordonnées dans l'enveloppe cachetée et elle l'avait précisé au bureau des entrées. À moi, elle en avait confié une autre...

Au téléphone, Dany me rassura.

« Tout va bien. Mais quand j'ai téléphoné à Patricia, elle semblait si triste. Elle ne répondait pas à mes questions. Il fallait que je vienne et que je sois avec elle pour la rassurer. »

Quelque temps plus tard, elle eut des problèmes avec la caisse d'allocations familiales. Au début, elle avait déclaré sa grossesse et touché quelques allocations prénatales. Maintenant, et c'était légitime, on lui demandait pourquoi il n'y avait pas trace de la dernière visite médicale et ce qu'il en était de cet enfant dont la naissance ne figurait pas dans son dossier, la date prévue étant largement dépassée.

La solution était simple. Encore faut-il la connaître, et la dire. Il suffisait à Dany d'écrire la lettre que je lui dictai au directeur de la caisse d'allocations familiales avec la mention « confidentiel » :

« Monsieur le Directeur, Sous le sceau du secret, je vous informe que j'ai accouché "sous X" le 3 novembre 19... à la maternité de... et qu'à ma demande, mon enfant a été placé en vue d'adoption. »

Le directeur était compréhensif. On ne lui demanda pas de rembourser les premières allocations !

J'eus encore quelques échanges par téléphone avec elle pendant les semaines qui suivirent.

De temps à autre, je l'appelais. Avant qu'elle me reconnaisse, une voix inquiète me répondait. Dès que j'avais dit mon nom, elle se détendait, rassurée, et je sentais que cela lui faisait plaisir de m'entendre.

Elle disait toujours qu'elle allait bien.

Le procès avait été difficile, le jugement sévère, la peine lourde et il lui faudrait encore travailler longtemps...

Patricia avait des « passages difficiles », mais elle ne la questionnait pas au sujet du bébé. Dany me disait aussi qu'elle en avait demandé des nouvelles, qu'il était beau, toujours aussi beau, et allait très bien. Et que dans quelques semaines il irait enfin rejoindre sa famille adoptive.

« Quel dommage qu'il doive encore attendre, c'est long pour lui, je voudrais tant qu'il y soit déjà... »

Michèle et le temps de la sérénité

Lire, c'est consentir à entrer dans le concert des vagues, à se laisser porter par lui. Qui veut tout comprendre risque de rien entendre.

Joël Clerget [1].

Avec Michèle, j'eus tout de suite l'impression qu'il n'y aurait pas d'ambiguïté.

Notre premier entretien se passa par téléphone, car elle habite à quelque cent kilomètres.

Elle s'exprimait avec aisance, présentant la situation simplement, en phrases claires, comme quelqu'un qui a déjà beaucoup réfléchi.

« J'ai vingt-quatre ans, je suis enceinte, je n'ai pas consulté de médecin, n'ai eu aucun examen, mais je pense arriver au terme de ma grossesse. J'ai déjà une petite fille de dix-huit mois mais je suis seule. Je ne peux envisager de garder ce bébé qui va naître. J'habite près de G. où j'ai déjà accouché. Je ne peux retourner dans cette maternité où l'on me connaît. On ne comprendrait pas...

« Jusqu'à présent je ne voyais aucune solution. La naissance approchant, j'étais très angoissée. Alors je me suis souvenue que, lorsque j'étais au lycée, on nous avait un jour parlé d'adoption. Mais je ne savais avec qui l'envisager. Puis j'ai pensé au Planning familial.

« À dix-sept ans, j'y étais allée pour une contraception. J'avais été très bien accueillie. Je m'en suis souvenue à temps. Quand j'ai parlé de la possibilité de faire adopter mon bébé, elles m'ont dit que c'était en effet possible, mais

1. *Être père aujourd'hui*, éd. Chronique Sociale, Lyon, 1979.

qu'elles connaissaient mal les démarches. Elles m'ont donné vos coordonnées. Voilà... »

Ce dernier mot en forme de conclusion semblait signifier : « C'est tout ce que j'ai à vous dire », ou peut-être : « Ce que vous avez à savoir », même aussi : « Maintenant, c'est à vous de jouer », avec la nuance possible : « Je m'en remets à vous... »

Le temps pressait. En accord avec elle, il me fallait prendre rapidement rendez-vous pour elle avec un gynécologue de la maternité et avec l'assistante sociale ; parcours obligé pour éviter le maximum d'obstacles, toujours à prévoir lorsque l'accouchement anonyme est envisagé autrement qu'en catastrophe.

Je transmis le message à Michèle qui devait donc arriver le lendemain.

Voyager seule dans une voiture bringuebalante prêtée par une amie, circuler dans une grande ville, déambuler dans un hôpital inconnu ne l'effrayait pas. Elle avait proposé que nous nous rencontrions au bureau de l'assistante sociale où je la précédai de peu.

Même si sa grossesse est adroitement dissimulée, je reconnais Michèle parmi les personnes qui attendent. Elle correspond à l'idée que je me suis faite d'elle : allure décidée, visage avenant, regard direct. Elle, sans hésiter, vient vers moi :

« Vous êtes Mme Guillin », dit-elle avec assurance.

Elle n'a pas demandé ma présence, je la laisse donc s'entretenir seule avec l'assistante sociale. Notre travail diffère et Michèle doit se sentir libre de ses paroles vis-à-vis de l'une et de l'autre. Elle a été si seule pendant de longs mois : parler enfin à plusieurs interlocuteurs, avec une écoute différente, ne peut qu'être une aide pour elle.

Son rendez-vous avec le gynécologue n'a lieu que l'après-midi.

Nous pouvons donc mettre cette attente à profit. Je lui propose que nous déjeunions ensemble et lui laisse le choix d'un restaurant à proximité : « J'en ai repéré un déjà, sympathique et pas cher... »

Pendant le repas, elle reprend son récit et j'en apprends davantage. Elle fait parfois les demandes et les réponses.

Ainsi elle évacue tout de suite une question que déjà elle a dû affronter, au Planning, puis dans le bureau de l'assistante sociale. Une question qu'elle ne veut plus s'entendre poser :

« Vous devez peut-être penser, vous aussi, que j'aurais dû me faire avorter, puisque je ne pouvais pas garder l'enfant... Mais vous savez, c'est ainsi pour moi. Ce ne sont pas les objections morales ou religieuses qui m'embarrassent. Quand une amie me fait part de son projet d'avortement, je n'essaye pas de la dissuader ; c'est à elle de choisir et cela ne regarde qu'elle. Je lui dis qu'elle doit seulement faire pour le mieux après avoir réfléchi et lorsqu'elle peut être sûre de ne pas le regretter. Mais pour moi, quand je sais que je suis enceinte — je le sens très tôt — c'est tout de suite un enfant que j'attends et je ne pourrai, je le sais, supporter de le supprimer.

« Pour autant, je ne trouvais pas de solution. Seulement la certitude que le garder pour moi, l'élever était impossible. Personne ne sait que je suis enceinte et je sais aussi maintenant que je n'ai personne sur qui compter pour cet enfant.

« Une mère toujours dépressive, un père faible et alcoolique, je n'en peux plus maintenant de les porter à bout de bras. Je suis l'aînée et on a toujours compté sur moi. Il me semble que cela n'a servi à rien et je ne peux plus continuer. Il me faut élever ma fille. Pour l'instant, je travaille dans un bar. J'arrive aussi à suivre des cours de secrétariat et de comptabilité par correspondance. J'ai mon bac, alors je pense pouvoir m'en tirer.

« Sur ma grossesse que je n'arrive pourtant pas toujours à cacher, personne ne m'a questionnée. J'ai dit déjà autour de moi que j'avais des problèmes gynécologiques. Le kyste à l'ovaire ça peut très bien marcher... Et puis, ça m'est égal, je n'ai de comptes à rendre qu'à moi-même. »

Elle se tait et nous n'échangeons que des regards. Le sien est confiant. Je souhaite que le mien réponde à son attente.

C'est après un long silence de réflexion qu'elle reprend : « Et si je vous dis que l'an dernier ma grand-mère s'est jetée dans la rivière, vous pouvez penser que j'en rajoute... Et pourtant, c'est vrai. »

Elle avait choisi un menu léger et quand le garçon insista gentiment : « Vous devriez finir le plat, madame, il faut manger pour le bébé », elle lui sourit avec gratitude en posant ses mains sur son ventre qui avait bien doublé depuis le matin, maintenant qu'elle n'avait plus à le cacher !...

Lorsqu'elle sort du cabinet du gynécologue, elle a ce même sourire, avec en plus une sorte d'indulgence. « Il a été gentil, me dit-elle. C'est un bon bourgeois moralisateur et paternaliste. Je lui ai dit mon projet d'accoucher "sous X" mais il ne faut pas qu'il compte sur moi pour lui raconter ma vie... »

Lorsqu'elle va jusqu'au cabinet de l'infirmière pour une prise de sang, le médecin s'avance vers moi : « Vous êtes la mère ? »

Ma réponse négative semble le décevoir. Il m'avait sans doute réservé le couplet de circonstance à moi aussi. Savoir que je « l'accompagne dans sa démarche » ne lui suggère que cette conclusion : « Vous savez, il ne faut pas cela se reproduise car nous, ici, on n'aime pas ça... » Il me précise néanmoins que le travail est commencé et qu'il est plus prudent qu'elle reste hospitalisée.

Quand nous nous rendons dans le service, la sage-femme déjà avertie nous accueille sans aménité. Elle consulte ses registres, hésite un long moment avant de conclure :

« Le service est surchargé en ce moment, nous n'avons pas de place pour vous ce soir. »

In petto, je me dis que j'ai déjà entendu cela quelque part !

J'apprends alors par Michèle que l'assistante sociale l'a munie de quelques adresses d'hôtels « abordables » à proximité de l'hôpital « au cas où ».

Pour Michèle, peu importe l'endroit où elle est censée dormir. Elle s'inquiète seulement pour sa fille et veut s'assurer que l'amie qui la garde « pendant qu'elle passe des examens pour son problème gynécologique », peut prolonger son accueil de deux ou trois jours peut-être.

« J'ai jusqu'à la fin du week-end », me dit-elle lorsqu'elle a la réponse. Cela lui semble suffisant, trois jours, pour mettre au monde ce bébé.

« Mais il faut que j'accouche demain matin. Ils accepteront peut être bien d'accélérer les choses. » Et avec un sourire, un peu forcé celui-là : « Et puis j'ai l'impression qu'ils ne tiennent pas à me garder longtemps ! »

Elle suggère que nous prenions un café ensemble. « La journée a tout de même été longue », dit-elle simplement.

Il est vrai que, brusquement, la fatigue tire ses traits et que même sa voix se permet d'exprimer une grande lassitude.

Le café où nous nous arrêtons, qu'elle a elle-même choisi, offre une terrasse accueillante. Elle s'assied avec soulagement et me demande ce que je souhaite prendre. Distraite, je réponds seulement que je ne veux rien. C'est une erreur : j'avais offert le déjeuner, elle tient à son tour à m'offrir quelque chose.

Je le comprends quand le garçon pose devant moi ce qu'elle a commandé à mon intention, si discrètement que je n'ai pas entendu. Je lui dis que je boirai avec plaisir et que c'est exactement ce que j'aurais choisi.

Et c'est vrai.

Il me semble ne parvenir qu'à raconter Michèle. Rien à interpréter, à analyser.

J'avais l'impression qu'elle faisait « tout le travail » et que j'étais seulement là pour l'écouter. Elle vivait chaque instant avec simplicité et authenticité. Elle disait l'essentiel et je crois que le plus judicieux est de le rapporter fidèlement.

Je me suis longtemps interrogée sur ma présence auprès d'elle, qu'elle souhaitait prolonger sans pour autant la solliciter. En quoi pouvais-je l'aider, que pouvais-je lui apporter d'autre que d'être à ses côtés ? À plusieurs reprises, elle avait montré tant de calme assurance que j'avais eu l'impression qu'elle était plus forte, plus solide que moi ! Avais-je quelque chose à lui apprendre qu'elle ne sache déjà ?

Pendant ces heures passées avec elle, il était clairement exprimé que ma présence lui était nécessaire, même si cela n'était pas dit. Était-ce seulement ce dont elle avait besoin pour vivre intensément ces trois jours ?

Pressentait-elle que rien ne lui serait alors épargné ?

Je passerai sur l'hôtel sordide au-dessus d'un petit bar non moins interlope qui faisait partie des adresses de référence de l'assistante sociale... Je n'insisterai pas non plus sur la chambre qu'elle partagea à la maternité après l'accouchement (ce qui est parfaitement illégal) avec une jeune femme comblée de visites, de fleurs et d'un bébé que l'on ne se lassait pas d'admirer. Dans le même couloir pourtant, des chambres restaient vides, je l'avais vérifié.

Il y eut beaucoup d'autres choses vécues. Certaines me semblent insignifiantes. Je ne les ai pas dites. À d'autres moments, elles m'apparaissent essentielles.

Je ne veux retenir que les dernières heures passées avec elle. Elle m'avait avoué n'avoir pas eu le temps de se munir de lecture pour meubler de longues heures d'attente ou d'insomnie. Elle n'avait qu'un tricot à l'intention de sa petite Laetitia. Elle ne le quittait guère, et il allait rapidement être terminé.

Le samedi où elle accoucha au petit matin était un jour férié : 1er mai, 14 juillet ? J'allais renoncer à lui apporter quelques revues après avoir erré dans un quartier désert. Et puis, une librairie ouverte. Par hasard (peut-il exister un tel hasard ?), une vendeuse aussi surprise que moi d'une telle aubaine, si aimable, si peu pressée, désireuse de trouver ce que je ne savais comment préciser. L'auteur du livre que l'on me tendit m'était inconnu. Il me revint alors en mémoire que Michèle m'avait dit être née en Provence. Ce n'était ni Pagnol, ni Giono, mais le titre, la couverture, quelques pages parcourues me semblèrent pleine de calme et de soleil.

Le lendemain matin, je trouvai Michèle dans une nouvelle chambre, vaste, claire et pleine d'une agréable fraîcheur. Elle ne sut me dire pourquoi et grâce à qui elle avait été transférée ici. Elle était allongée sur son lit, déjà prête à partir quelques heures plus tard, impatiente de retrouver Laetitia. Elle se sentait tout à fait en état de reprendre la route, affirmait-elle.

Ce qui se passa ensuite est imprimé dans mon souvenir avec une telle densité, que je ne peux que le rapporter tel quel. Redoutant cependant que le déposer sur le papier me fasse perdre tant soit peu de l'intensité de ce qui se passa et que je ne voudrais jamais oublier.

« J'ai très peu dormi cette nuit. J'ai beaucoup pensé à

tout ce qui m'est arrivé ces dernières années, ces derniers temps et ces derniers jours. J'ai compris que je me suis toujours attachée à qui a autant de problèmes que moi... Comment m'en sortir ? Maintenant, il faut que je cesse... »

Elle était calme et détendue. Ce que j'entendais me semblait aussi bien destiné à elle-même qu'à moi. Sa voix était si mesurée et ferme que passaient dans ses paroles autant de désir, de certitude que d'espoir.

Et puis elle prit le livre que je lui avais offert, l'ouvrit à une page qu'elle avait marquée en y glissant une photo de Laetitia qu'elle me montra.

« J'ai aussi fini votre livre. Il m'a beaucoup plu. C'est exactement ce que j'avais envie de lire. J'y ai trouvé un mot que je ne connaissais pas, un mot qui m'a arrêtée net, comme ça... C'est le mot *rassérénée...* »

Christèle, ou le déni de grossesse

L'enfant imaginaire est l'enfant du désir de grossesse. Il exprime ce que l'union de la mère avec le géniteur du bébé permet de projeter dans l'avenir.

Serge LEBOVICI [1].

Du printemps jusqu'à Noël, Christèle avait eu un copain. Échange de confidences, vagues projets, rapprochement de deux solitudes peut-être... Il semblait attaché à elle, et elle n'avait pas voulu en douter. Elle s'était laissé convaincre sans beaucoup résister. Elle avait même pris la pilule, mais n'était plus sûre du tout de ne pas l'avoir oubliée, « une ou deux fois ».

Hélas, elle dut se rendre à l'évidence : « Il avait quelqu'un d'autre. » Les fêtes furent tristes, mais elle ne le lui reprocha pas, elle ne revendiqua rien ; d'ailleurs, il lui rappela qu'il n'avait rien promis. La pilule s'avéra désormais inutile.

Les copines lui dirent gentiment pour la consoler : « Tu verras, un de perdu, dix de retrouvés. » Elle avait vingt ans et pensait bien ne pas en rester là.

Trois mois passèrent. Elle eut bientôt un autre ami parmi ceux qui l'avaient si gentiment réconfortée. Lui ne se montra pas impatient et elle lui en fut reconnaissante. Ils firent des projets, et bientôt celui de vivre ensemble. « Lui, il m'aime pour moi », disait-elle, et même : « Lui, il me respecte... »

Ses règles n'étaient pas encore revenues, mais par précaution elle envisagea de reprendre une contraception.

C'est alors que fut diagnostiquée une grossesse de cinq

1. *Le Nourrisson, la Mère et le Psychanalyste,* Le Centurion, 1983.

mois et demi. Ce fut « comme un coup de tonnerre quand il fait beau... », raconta-t-elle.

Mais son ami tenait à elle. Ils discutèrent beaucoup. Elle ne voulait pas lui faire supporter cette paternité dont elle-même se sentait accablée. Il proposa de remettre à plus tard la cohabitation, mais pas les projets auxquels ils tenaient tous les deux. Elle, évidemment ; lui, sûrement, il l'affirmait.

Elle accepta, avec une touchante reconnaissance tant lui semblait impossible l'intrusion de cette innocente et insistante troisième personne alors qu'elle entrevoyait un couple « comme elle en avait toujours rêvé ». Elle vivait difficilement cette attente dont l'issue lui restait impossible à imaginer. Un ami leur avait fait envisager l'éventualité d'une famille pour ce bébé. Elle avait été réconfortée par cette perspective, mais elle n'arrivait pas « à donner corps » à un tel projet.

Elle en était là lorsqu'elle vint me voir. Peut-être était-ce d'abord à cet enfant qu'il fallait « donner corps ». Car elle m'affirmait ne l'avoir jamais senti bouger.

« Voulez-vous que nous essayions de savoir ce qu'il a à dire ? »

Chaque fois que je travaillais au niveau du corps, je précisais que j'étais infirmière.

Elle s'allongea avec aisance, comme si elle ne se sentait pas lourde de cette grossesse de près de sept mois. Je posai mes mains sur son ventre à peine rebondi, plein pourtant de cette impensable présence.

Mes mains alors se soulevèrent sous une onde qui le parcourut. Elle s'en aperçut et me regarda avec étonnement.

« Vous avez vu, Christèle. L'avez-vous senti ?

— Non... »

Et je ne doutais pas qu'elle n'ait rien perçu. Je laissai mes mains qui bientôt ne tardèrent pas à réceptionner un énergique coup de pied, alors que volontairement je parlais d'autre chose.

Elle vit aussi et c'était comme si elle cherchait à comprendre sans pouvoir se l'expliquer.

« Et cette fois, Christèle ? »

Elle eut un geste de dénégation qui exprimait aussi

impossibilité de percevoir, impuissance à sentir, à repérer l'appel. Inimaginable enfant...

« Non, là je ne faisais plus attention. »

Fallait-il aussi entendre ce qu'elle ne pouvait dire à haute voix : « Non, je n'éprouve rien pour lui, je ne ressens donc rien non plus... »

C'est le déni de grossesse. Cette impossibilité de rendre présent un enfant auquel on n'a pas rêvé, que l'on n'a pu imaginer. Le terme employé par Freud prend ici tout son sens tel que défini par Laplanche et Pontalis[1] : « Le déni est un mode de défense consistant en un refus par le sujet de reconnaître la réalité d'une perception traumatisante. Et Christèle, bien malgré elle, nous le confirme : ce n'est pas négation de la grossesse, encore moins mensonge ! »

Elle n'avait pas ressenti de symptômes évocateurs, jamais de nausées, de fatigue, de coups de déprime. Aucun signe de cet autre qui vivait en elle, qui poursuivait son petit bonhomme de chemin, comme s'il ne pensait qu'à survivre à l'insu de tous. Si Christèle avait eu connaissance de cette grossesse, il est probable qu'une IVG eût été programmée. Encore que je m'interroge toujours sur cette absence de symptômes, sur ces grossesses qui se déroulent à « bas bruit », comme pour ne rien révéler de cette vie qui se continue. Cela n'évoque-t-il pas le désir de vie de l'enfant, le désir inconscient de la mère de le laisser vivre ?

Avait-elle, sans le vouloir, tenté d'échapper au choix qu'elle se sentait peut-être incapable de faire ? Peut-être était-elle plus instinctivement maternelle qu'elle ne le pensait elle-même par rapport à cette grossesse ni désirée ni décidée. Ainsi, n'a-t-elle pas eu à la nier, à la cacher. Pas plus qu'à décider de l'annuler. Peut-être aussi, la réalité regardée en face aurait-elle signifié l'évidence d'avoir été abandonnée, délaissée pour une autre. Ce qui lui aurait été insupportable. Comment est-il possible de reconnaître, de laisser voir, alors que cette réalité ne rencontre aucun accord, aucun encouragement de l'entourage ni de la société ? Sinon des « mesures à prendre » à temps, dans les délais ? Comment se permettre de repérer le moindre

---

1. *Vocabulaire de la psychanalyse*, PUF, 1967.

symptôme évocateur qui serait message de la part de cet enfant qu'elle ne pouvait « investir » ?

« C'est peut-être parce que je sais maintenant comment il est déjà, mais je crois que je ne me serais jamais décidée pour l'IVG.

Que faire alors ?

Je m'interroge aussi, non sans inquiétude, sur cet enfant du silence, demeuré lointain et irréel, ignoré longtemps. Je pense au déficit relationnel et affectif précoce dont parlait Bruno Bettelheim[1].

Il fallait aller au-delà de ce dont Christèle témoignait : on peut dire non à la grossesse, de tout son corps, parce qu'il est impossible de dire oui dans sa tête. Parce que le désir de ne pas savoir ce à quoi on ne peut répondre, d'aucune manière, obture tout essai d'émergence de la réalité. Tout signe évocateur devient signal de détresse.

C'est cette réalité que nous avons mise en place à l'aide des précieuses diapositives, en parlant d'abord du déroulement de la grossesse, telle que toute femme peut être amenée à la vivre. Nous parvînmes à passer de l'effroi d'un non-désir d'enfant à l'émerveillement de la naissance. Nous abordâmes bientôt le versant de l'impensable réalité dont elle put alors parler et faire un projet acceptable et accepté. L'abandon, l'adoption, devinrent des projets réalisables. Son ami l'entoura beaucoup pendant ces quelques semaines qui restaient à passer. Elle mit l'enfant au monde comme elle l'avait porté, sans se sentir émotionnellement concernée. Elle ne pouvait parvenir à se sentir la mère de cet enfant-là. Et je pensais que, bien à son insu, Christèle illustrait ce sentiment maternel incertain, fragile et imparfait...

Je sus plus tard qu'un petit garçon « plein de vie » réjouissait un couple qui, depuis cinq ans et plus, se lamentait qu'aucune vie justement ne l'anime. Pour eux, cette vie vint d'ailleurs, grâce à Christèle et sans qu'ils sachent rien de cette histoire.

Je pense en l'évoquant qu'il est dommage et triste aussi pour ces parents, pour ce petit garçon une fois devenu

---

1. *La Forteresse vide*, Gallimard, 1969.

adulte, de ne rien en connaître. Et d'imaginer une mauvaise mère... Mais peut-on s'obliger à aimer ? Qui peut dire, qui ose affirmer qu'on y parvient quand même, à force d'efforts... ?

Chantal et la peur de sa violence

Bien sûr, il n'aurait jamais eu de marques sur son corps, mais il est des cicatrices du cœur qui ne se referment jamais.

Agnès LAURY[1].

Chantal avait à peine dix-neuf ans quand elle rencontra Pierre-Yves. Ils furent très vite très amoureux et très impatients de se marier. Comme elle commençait tout juste ses études d'infirmière, et que lui ne serait ingénieur que deux ou trois ans plus tard, les familles décidèrent d'un commun accord qu'on reparlerait de tout cela quand ils auraient terminé leurs études.

Les amoureux, si pressés qu'ils fussent, ne voulaient pourtant pas se passer du consentement familial ; mais le forcer, peut-être ?... Toujours est-il que Chantal se retrouva enceinte. Ses parents furent consternés, ceux de Pierre-Yves furieux et péremptoires :

« On n'a jamais vu un tel scandale dans notre famille ! Jamais personne, chez nous, n'a épousé une fille enceinte. »

C'est ainsi que parfois on en arrive à envisager une IVG.

Les sentiments de Pierre-Yves étaient-ils aussi forts qu'il l'avait juré à Chantal ? La soumission aux parents l'emporta. Il épousa quelques mois plus tard une amie d'enfance, et ce fut ce qu'il est convenu d'appeler un très beau mariage.

« Me révolter ? dit Chantal. Contre quoi et qui ? Je ne ressentais plus rien que le chagrin et la honte ; je ne voyais que l'immédiat, cette grossesse qui n'avait plus de sens.

« Mes parents ont été merveilleux : ils ne m'ont fait

1. « Le don d'abandon », art. cité.

aucun reproche, ils m'ont totalement prise en charge, ils m'ont entourée, soutenue, moralement et matériellement. Mais devant une bonté si grande, je me sentais, moi, encore plus misérable, et incapable d'ébaucher le moindre projet. Je sais que jamais je ne pourrai leur rendre tout le bien qu'ils m'ont fait alors. J'ai trahi leur confiance, et cela ne se rattrape pas. D'ailleurs, je n'ai même plus aucune confiance en moi. »

Dans les derniers mois de sa grossesse, Chantal fut tentée par l'abandon. Allait-elle élever l'enfant de Pierre-Yves ? (Le pouvait-elle ? Le voulait-elle ?) Ce refus resta vague, ne devint jamais projet, comme si elle avait honte d'y penser. Elle ne put se résoudre à en parler à ses parents, persuadée d'avance qu'elle s'entendrait répondre que « cela ne se faisait pas ».

Alors, à qui exprimer ce désir qui l'inquiétait comme une tentation ? Elle en resta là :

« J'ai voulu qu'au moins me reste le bébé... »

C'est aussi à ce moment-là qu'elle renonça à ses études, infligeant aux siens une nouvelle déception et s'enfonçant un peu plus dans sa culpabilité. « Ce n'était pas vraiment ma décision, dit-elle, j'étais incapable de décider... Disons que j'ai lâché prise... »

La mort de sa mère, peu après la naissance du bébé, allait l'accabler davantage. Ne savait-elle donc que détruire, faire du mal et du chagrin ?

Quand je la rencontre, près de deux années ont passé et elle ne s'est pas remise. Elle me raconte son histoire dans les plus minces détails, d'une petite voix monocorde, vidée de toute émotion.

Elle travaille maintenant dans un grand hôpital comme aide-soignante, avec le regret constant, quotidien, de n'avoir pu accéder à la profession qu'elle souhaitait exercer et s'infligeant celle-ci comme une punition. Cet emploi ne lui assure pas même l'indépendance, et elle reconnaît avoir toujours besoin de la prise en charge familiale qui la rassure, mais ne peut l'aider à former un projet d'existence. Cependant, les siens se sont lassés de la voir sans énergie, sans ressort. Elle s'en rend bien compte, s'en accuse encore.

Je l'écoute parler du présent, comme tout à l'heure du

passé, d'un ton égal, sans expression. Je la regarde : jolie, fine, l'air d'une jeune fille sage et bien élevée. Mais quelle tristesse et quelle lassitude semblent peser sur elle, retenir ses gestes, étreindre son sourire... qui reste ébauché comme ses projets successifs.

Quand elle me parle de l'enfant — un beau petit bonhomme exigeant, et dont la charge lui est de plus en plus lourde —, je ne le vois pas vivre à travers ses paroles. Et cela m'inquiète. Je ne parviens pas à le voir grandir, cet enfant sans père, dont la mère, restée à demi adolescente, entravée par la culpabilité, la déception, la désillusion, semble incapable de former un projet pour eux deux.

Tout paraît aller à vau-l'eau pour elle, spectatrice impuissante d'elle-même. Elle a raté le passage de l'adolescence à l'état de femme qu'elle ne parvient pas à assumer.

Il semble que parler soulage Chantal. Mais c'est aussi comme si le souvenir de ses épreuves épuisait ses dernières forces. Je pensais qu'une psychothérapie l'aiderait à dépasser ces obstacles qu'elle n'a fait que contourner en leur temps. Je lui suggère donc de poursuivre l'entretien plus tard, en souhaitant l'amener ainsi à prendre conscience de la réalité de sa vie actuelle, à lui faire ressentir combien un effort de restructuration lui est maintenant nécessaire. Je le vois si mal grandir, ce petit bonhomme sans père et nanti d'une mère qui n'en finit pas de souffrir de sa jeunesse déçue, de ses renoncements, de sa culpabilité.

Elle a accepté de revenir. Elle se tait longtemps, pensive ; mais ce silence entre nous n'est pas pesant. Quelque chose reste à dire, qu'elle ne veut pas remettre à plus tard. Quand elle reprend la parole, sa voix est plus assurée, mais plus basse et plus lente, me semble-t-il.

« Quelque chose me fait très peur, dit-elle : Patrick ressemble de plus en plus à son père... Ce n'est pas sa faute, bien sûr... Mais c'est tellement lourd, ce que je vis, de plus en plus lourd et difficile... Alors... j'ai peur de lui en vouloir, un jour, à lui... »

Sa voix se voile encore un peu et, presque inaudible, elle ajoute : « Quelquefois, il me semble... il me semble, oui, que j'ai peur de lui faire du mal. »

Amalia avait si peu à dire !

Qui m'aurait dit, pourrai-je jamais dire, de quels mots le tisserai-je, le bonheur si bouleversant de la grossesse, le bonheur si déchirant, immense, de l'accouchement...

Annie LECLERC[1].

Cela a commencé il y a quelques mois. Une histoire presque banale : elle a dix-huit ans, ses parents sont divorcés, son père est parti, laissant une femme seule avec cinq enfants. Depuis l'âge de huit ans, Amalia n'a pas revu son père. Elle poursuit une scolarité peu brillante, une vague formation sans débouchés. Sans contraception, enceinte de quatre mois, des délais d'IVG longuement dépassés... Au centre de planification familiale consulté, on pense à un accouchement « sous X » que sa mère accepte avec soulagement.

On a envisagé pour elle le centre maternel, mais en prenant contact, elle a été très effrayée, me dit-on :

« Mais c'est plein de bébés ici, ce n'est pas possible... »

Alors, on m'a téléphoné car il faut qu'elle quitte sa famille, son quartier, sa petite ville où tout se sait...

« Vous verrez, elle parle très peu », me précise-t-on encore.

Après avoir obtenu pour elle une place dans un foyer de jeunes travailleuses, je propose de la rencontrer, de l'accompagner pendant cette grossesse, de reprendre avec elle son projet au fur et à mesure...

À la suite d'un quiproquo je suis quelque temps restée sans nouvelles d'elle, ce qui ne m'étonne pas. Je propose mais n'impose pas. Presque par hasard, j'apprends qu'elle

1. *Parole de femme,* Grasset, 1975.

est au foyer depuis quelques semaines où elle semble se plaire. Puis mon interlocutrice ajoute : « C'est pauvre... Amalia n'a vraiment rien à dire. »

Mais au foyer où je viens la voir, on l'apprécie. Elle est sans histoires, calme, douce, toujours aimable.

« Et puis elle a un si bon sourire », ajoute-t-on.

Il est vrai que la conversation n'est pas aisée. Je crois pourtant qu'elle est contente de me voir. Elle m'a accueillie avec empressement mais elle reste silencieuse. Il me revient à l'esprit en sa présence les propos de Jacques Salomé[1] et le titre de son livre : « Parle-moi, j'ai des choses à te dire... »

Il faut la comprendre au-delà des mots. Son regard est direct et expressif, le mien doit être avenant ; surtout pas inquisiteur.

Des questions, elle en a entendu beaucoup déjà, auxquelles sans doute elle n'a pas de réponses. Pas encore. Je comprends qu'il faut lui parler, remplir ce silence plein de l'impossibilité pour elle d'exprimer par des mots ce qu'elle a besoin de formuler.

Alors je propose :

« Si vous voulez, Amalia, je viendrai la semaine prochaine et nous parlerons de ce bébé qui vous donne du souci, et puis de sa naissance...

— Oui », dit-elle seulement. Son ton reste imprécis et je ne sais encore si c'est une invite. Pas encore peut-être, alors je propose autre chose.

« Je vous téléphonerai dans quelques jours, nous en reparlerons. »

Amalia semble savoir que communiquer, c'est aussi ne pas dire. Ce jour-là, lorsque nous nous quittâmes, ce qu'elle exprima prit toute sa valeur :

« Je suis bien ici, c'est tellement... paisible. » Et elle me gratifia de son beau sourire.

Le téléphone peut être un instrument précieux. Il facilite souvent l'entretien et, parce que ainsi Amalia est plus loquace, nous pouvons faire des projets ; elle dit alors pleinement son accord.

À l'entretien suivant j'apporte photos et diapositives de

1. *Parle-moi, j'ai des choses à te dire, op. cit.*

ma panoplie pour visualiser le bébé et préparer sa venue. Je sais que ces images sont plus éloquentes que moi, et qu'elles restent en mémoire souvent mieux que les paroles.

Amalia les regarde avec intensité. Alors j'explique :

« Là, il n'avait que six semaines mais déjà son cœur battait à grande vitesse. Là, les yeux, le nez, la bouche, commencent à apparaître. Il n'avait pas encore sept semaines.

« Avant huit semaines, les bras et les jambes sont comme de petits bourgeons qui grandissent très vite et par transparence on voit sa colonne vertébrale... À huit semaines, il est complètement formé et tous ses organes sont en place.

« À onze semaines, on voit très nettement les cinq petits doigts, très différenciés, sur chaque main et à dix-sept semaines ses ongles sont formés. Il n'a plus qu'à grandir... »

Ces précisions ne sont pas inutiles : il faut faire exister cet enfant dès avant qu'il naisse et l'intégrer dans le corps de sa mère. Il ne lui est pas étranger et pour mener à bien un projet avec lui, pour lui, il faut lui donner vie, intensément.

Nous avons pu ainsi préciser que dès le commencement il était fille ou garçon, puisque le sexe est déterminé au moment de la fécondation, dès que l'ovule et le spermatozoïde ont fusionné.

Ainsi, au fil des mois, tout se précise. Les yeux d'Amalia s'émerveillent. Les diapositives de l'accouchement la captivent.

« Vous voyez toutes ces lignes de force qui vont entrer en jeu au moment de l'accouchement. L'utérus va se contracter régulièrement. Les contractions que vous ressentirez seront de plus en plus fréquentes et chacune vous rapprochera de la naissance.

« Ici, c'est vous qui en respirant, allez pousser sur le diaphragme et aider le bébé à sortir.

« Tout le monde sera actif à ce moment-là : la sage-femme qui sait et connaît chacun des gestes à pratiquer. Vous qui aussi serez aussi active et dont l'énergie est indispensable. Et le bébé qui veut venir au monde, puisque c'est lui qui décide du moment où tout se déclenche ; il pousse très fort avec les pieds au fond de l'utérus et avec sa tête, il agit de toutes ses forces pour se dégager vers la sortie. »

Plus que jamais, je sens avec elle que parler vaut acte thérapeutique. Toutes les précisions que j'apporte ne sont pas théoriques. En travaillant avec ces jeunes femmes, j'ai compris combien il était important de conférer une réalité à l'enfant et d'anticiper sa naissance. C'est la meilleure façon de s'y préparer, de la vivre, et non de la subir. En sophrologie, on appelle cela l'autovisualisation. C'est prendre conscience de ce qui se passe en soi, conscience de soi, confiance en soi.

À partir de là, les rôles s'intervertissent : ce n'est pas moi qui suis savante, ce sont elles qui deviennent compétentes et elles le montrent bien ensuite, quand le moment est venu.

Projeter ainsi la naissance, se rapprocher peu à peu et sans frayeur de la mise au monde et dépasser l'événement, voilà mon but.

Amalia peut se dire maintenant : « je suis enceinte », « j'attends... un enfant », et l'accepter.

C'est aussi le moment d'anticiper la rencontre avec ce bébé :

« Quand il naîtra, avez-vous pensé au désir que vous aurez de le voir ou non, de savoir si c'est un garçon, une fille ? Quelquefois, les jeunes mères ont aussi envie de connaître son poids. C'est important de savoir que l'on est capable de faire un beau bébé... »

Amalia ne sait pas encore, pas aujourd'hui. C'est trop tôt et je n'ai pas à lui dire ce qui me semble être bon pour elle. Simplement, il s'agit de l'aider à imaginer, afin que, le moment venu, elle puisse exprimer le désir auquel elle aura accédé.

Je lui précise aussi ce jour-là que, si elle le souhaite, je peux venir au moment de l'accouchement et la soutenir de mon mieux. Elle dit seulement : « Oui. » Elle a bien compris ; pourtant je n'entends pas un acquiescement clairement exprimé.

À sa dernière visite médicale, on lui précise qu'elle accouchera sans doute la semaine suivante. Et déjà la gynécologue annonce : « On vous fera une anesthésie péridurale pour que vous ne sentiez rien. Ainsi vous ne souffrirez pas. »

Elle me le dit comme une information et je me garde bien d'exprimer ce que j'en pense.

Justement je dois m'absenter quelques jours et j'éprouve encore une impression de rendez-vous manqué. Mais je ne suis pas inquiète pour Amalia car elle est très bien entourée au foyer tenu par des religieuses dont j'ai souvent eu l'occasion d'admirer le charisme. Avec intelligence et délicatesse, elles savent donner à ces jeunes futures mères la place qui convient au milieu de jeunes de leur âge.

Pas d'« accrochage affectif », pas de maternage infantilisant, mais une autonomie soutenue, des responsabilités à la mesure de chacune.

Sœur Élisabeth me raconte :

« J'ai rencontré Amalia ce matin. Elle dit toujours qu'elle va bien. Alors j'ai posé ma main sur son ventre, sur lequel elle pose toujours la sienne. “Et là aussi, ça va bien ?” (Je crois que je pouvais le faire, n'est-ce pas ?) Alors, elle m'a regardée avec son beau sourire en faisant oui de la tête d'un air entendu. »

Et moi, je vois le sourire de sœur Élisabeth, heureuse d'avoir échangé avec Amalia la joie de la maternité. De femme à femme. On aurait bien tort de croire — on le dit parfois — que seules celles qui ont connu la maternité sont capables d'en parler, de la comprendre.

Des parents adoptifs m'ont appris beaucoup sur la parentalité. De même, ces religieuses m'ont enseigné beaucoup de la maternité. Je les connais depuis longtemps. Ce sont des femmes à part entière. Leur sexualité, elles ne la renient pas. Elles savent être femmes équilibrées par leurs hormones et le rythme accepté de leur cycle. La maternité, elles ont consenti à ne pas la vivre physiquement et leur renoncement n'est pas teinté de regrets. Encore moins d'amertume. Elles accueillent ces jeunes, non pour combler un désir inassouvi de maternité, mais réellement avec le souci de les éduquer, de les aider à aborder la vie, faisant de leur passage dans ce foyer un temps fort de leur adolescence de leur prescience de l'âge adulte.

De la même façon qu'elles n'ont pas oublié la signification de l'alliance qu'elles portent au doigt et que tant de femmes négligent (alors que d'autres en rêvent !), et qui est, pour ces religieuses, signe d'appartenance et de fidélité. Signe de foi. J'ai compris grâce à elles, la maternité sublimée ; pas physiologiquement vécue, mais une maternité dont l'énergie est orientée vers une valeur sociale positive.

L'épanouissement d'Amalia les a réjouies et elles l'ont favorisé. Proches d'elle, respectueuses et non envieuses de cette vie dont elles parlent sans gêne ni malaise, avec respect.

Quand sœur Anna m'a téléphoné cette nuit-là, la journée de samedi allait bientôt commencer. J'étais à quelque cent kilomètres.

« Nous venons de conduire Amalia à la maternité. Elle avait des contractions toutes les vingt minutes déjà. Elle nous a demandé de vous prévenir. »

Le oui d'Amalia était donc une vraie approbation. Elle compte sur moi mais matériellement je ne peux répondre à son appel et ne peux prendre la route que samedi matin. Je l'en avais prévenue. Je ne puis que répondre à sœur Anna :

« Je viendrai au plus tôt. Dites-lui que je pense à elle...

L'autoroute ce matin-là est saturée, le péage fermé. Les petites routes sont belles mais si longues... Quand j'arrive à la maternité, il est onze heures trente.

Elles accouchent souvent si rapidement, ces jeunes femmes, que je m'attends à rejoindre Amalia déjà dans sa chambre. Et le bébé à la pouponnière.

Je sens un moment d'angoisse quand je sonne à l'entrée de la salle d'accouchement que l'on appelle aussi, suivant l'inspiration du chef de service ou l'habitude, « salle de travail », « bloc obstétrical », « plateau technique »... Je n'ai encore trouvé sur aucune porte « lieu de naissance », dont le nom serait à lui seul évocateur et autrement rassurant. Aurais-je l'obsession du détail ou, plutôt, tout n'est-il pas toujours à repenser ?

La sage-femme qui vient à ma rencontre n'a pas besoin de préambule : « Venez, elle vous attend. Quand elle arrivée cette nuit, la dilatation commençait seulement. On l'a installée dans sa chambre. Elle a sommeillé et elle est ici depuis une heure seulement.

« Passez ce sarrau et ces bottes, nous allons la voir ensemble. La dernière fois que je l'ai examinée, elle était presque à huit centimètres. Vous allez la trouver un peu "groggy". Quand cela a commencé à être pénible, je l'ai calmée, et là-dessus, je n'hésite pas. Je ne souhaite pas une péridurale dans ce cas-là. Je crois qu'il faut qu'elles accouchent pleinement. C'est ma façon de faire et cela n'engage que moi... »

Je lui dis à mon tour combien je partage son avis. Puis je m'approche d'Amalia. Quand je me penche, elle me regarde, un peu incrédule. J'explique brièvement pourquoi j'arrive si tard après son appel. Et je conclus :

« Voilà, maintenant je suis là, le bébé va arriver aussi... »

Je voulais lui dire la joie que j'ai d'être arrivée à temps et de pouvoir accueillir son bébé. Ce grand sourire, je suis sûre que c'est à moi qu'elle le dédie mais ce n'est que plus tard qu'elle m'en expliquera le sens.

« Oh, mais ça va très vite, dit la sage-femme à la contraction suivante. Allez, maintenant on y va... »

Ensemble nous glissons Amalia jusqu'au bout de la table. Elle atteint les poignées auxquelles elle doit se cramponner pour aider son effort. Parce qu'elle éprouve le besoin de se redresser à chaque contraction, je glisse mon bras gauche sous ses épaules et puis ma main restée libre se pose sur la sienne.

À la contraction suivante elle lâche la poignée brusquement et c'est de ma main qu'elle se saisit avec force et qu'elle ne quittera plus.

« Mais vous êtes super », dit la sage-femme, admirative, à chaque contraction. Et c'est bien plus qu'un encouragement.

Et puis : « Maintenant, vous allez respirer comme on vous l'a appris, comme un petit chien. »

Je fais signe à la sage-femme que nous n'avons pas essayé cela et je traduis pour Amalia :

« Vous vous souvenez, vous prenez une bonne goulée

d'air et doucement vous videz à fond vos poumons. Vous savez, pour que le diaphragme pousse le bébé.

— C'est super, continuez encore, encore... », dit la sage-femme. Car Amalia a les « diapos » en tête et elle utilise parfaitement de longues et calmes respirations. Je l'aide en appuyant doucement sur son thorax.

Je lui décris en même temps la progression de la tête que je vois se dégager peu à peu et les cheveux bien noirs et déjà longs.

Malgré les calmants, Amalia est remarquablement présente et suit très précisément les injonctions de la sage-femme. Elle ne relâche pas ses efforts, sans cris, sans plainte. Quand c'est difficile, elle tourne son regard vers moi et me fixe intensément.

« Maintenant, vous ne poussez plus, il vient tout seul... c'est bien... un petit peu encore. »

Et puis, il n'est pas encore midi, le bébé est là !

J'avais eu le temps de lui demander ce qu'elle voulait savoir de ce bébé. Elle avait seulement répondu : « Je ne souhaite pas le voir. »

J'ai entendu dire que souvent, lorsque la jeune femme ne veut pas voir l'enfant, on tend un drap pour le lui cacher au moment de la naissance. Rien de dramatique aujourd'hui. J'apprécie le tact de la sage-femme. Simplement, le bébé passe de ses mains à celles de l'infirmière qui l'enveloppe discrètement sans hâte et qui, sans plus de précipitation, quitte la salle.

Si Amalia avait souhaité, au dernier moment, pourquoi pas, revenir sur sa décision, elle n'avait qu'à soulever la tête, sans manifester autrement son désir que de cette façon impulsive, alors que quelques vagissements annonçaient qu'il était né. Il fallait lui en laisser la possibilité.

Il n'en fut rien, mais au moment où le silence nous entoura après ces instants de grande intensité :

« C'est un garçon ? » demanda Amalia.

La sage-femme ne répondit pas et je pensai qu'elle me laissait le soin de l'annoncer moi-même.

« Oui, un beau garçon, Amalia.

— J'ai toujours pensé que j'attendais un garçon, dès le début. »

Ainsi, elle révélait qu'elle avait pensé à ce bébé, et que depuis qu'elle se savait enceinte, elle avait attendu, non seulement un enfant, mais un garçon.

Son prénom, elle le donna sans hésiter :

« Il s'appellera Jordan.

— Quel âge avez-vous, Amalia ? demanda la sage-femme.

— Dix-huit...

— Alors vous êtes aussi une femme maintenant. »

Le placenta fut rapidement expulsé et Amalia nous dit qu'elle avait très sommeil.

On fit l'obscurité dans la salle, le calme, le silence.

Avant que je quitte la pièce à mon tour en lui disant que je reviendrais dans quelques heures, elle posa ses deux mains sur elle :

« Mon ventre est tout plat...

— Et pas trop vide, Amalia ?

— Non. »

Puis elle dit encore en souriant.

« J'ai bien aimé l'accouchement... »

Et très vite elle s'endormit.

Lui manque-t-il, ce bébé qui n'est plus là ?

Elle s'y est préparée, elle s'y attendait et ainsi, elle a mis en place ses défenses propres, avec les moyens qui sont les siens. Travail de séparation, travail de deuil déjà pensé, élaboré, où la mort n'intervient pas. Toute une réflexion tournée vers la vie puisque c'est ainsi qu'elle l'a voulu dès le commencement de sa grossesse. Ces mains sur son ventre, est-ce aussi sa façon de dire le regret de ne plus être avec lui ?

Dans les jours qui suivirent, Amalia devint loquace, on ne la reconnaissait pas. Plusieurs fois elle parla du bébé et me raconta les heures qui avaient précédé son arrivée et la mienne.

« J'ai trouvé cette nuit-là très longue. J'étais toute seule et il fallait attendre. Non, je n'avais pas très mal mais je ne savais pas bien ce qui se passait... Je n'aime pas la nuit quand je ne dors pas. Ensuite, on m'a emmenée et là c'était de plus en plus difficile à chaque contraction, alors on m'a placé une perfusion. Je ne savais plus finalement si c'était le moment d'accoucher ou si je rêvais. Puis vous êtes arrivée et, en vous voyant, j'ai su que c'était vrai... »

Une autre fois, je lui ai demandé si elle ne pouvait vraiment rien attendre de son ami. Elle me raconta alors :

« Quand je lui ai dit que j'étais enceinte, parce que je l'ai su tout de suite, et que je pensais que c'était un garçon, il a eu l'air content. Il est resté encore avec moi jusqu'à trois mois et puis un jour je ne l'ai plus vu, plus jamais. Après, il passait avec sa voiture juste devant moi et c'était comme s'il ne me connaissait pas...

« Avec ma mère, c'était très difficile ; elle voulait que je me fasse avorter, absolument. Moi, je voulais le garder. Et heureusement, c'était trop tard, on ne pouvait plus m'obliger.

« Mais j'ai *bien* compris que je ne pourrais pas l'avoir avec moi. Mme M. m'a *bien* expliqué. J'ai *bien* réfléchi et maintenant, je suis *bien* décidée. Je sais qu'il sera *bien* quand il sera adopté, mais je préfère ne pas le voir. »

À la pouponnière, les puéricultrices m'ont montré Jordan. Il a beaucoup pleuré le premier jour, m'ont-elles dit, maintenant il est très calme.

Un petit ours est déjà dans le coin du berceau.

« Qu'il est beau ! Nous avons toutes envie de ce bébé, bien sûr... »

Dans quelques jours ce sera une autre séparation. Il quittera la pouponnière, où il passe de longs moments dans des bras chaleureux, pour une famille nourricière, non moins accueillante. Mais il ne faut pas croire que de cela il ne se rendra pas compte.

Puis, après trois longs mois, il rejoindra sa famille d'adoption. Nouvelle séparation, nouvelle rupture, nouvelle adaptation.

La loi c'est la loi, me dit-on avec insistance. Je ne l'ignore pas, mais je ne suis pas seule à penser qu'il est bien temps de la revoir... depuis le 11 juillet 1966. On a pourtant appris tant de choses que l'on ignorait alors sur les besoins de l'enfant, même tout petit, même dès avant sa naissance !...

En quittant la maternité Amalia est retournée dans sa

famille. Elle avait tant besoin de retrouver sa mère après ces longs mois de séparation. Les retrouvailles ont été « idylliques », m'a dit la conseillère conjugale.

Amalia a aussi des projets sérieux de formation, d'autonomie, de responsabilité. Françoise Dolto l'a dit[1] : « Il y a une sorte d'humanisation qui accompagne l'accouchement »...

1. *Sexualité féminine, op. cit.*

Agnès la Tendresse

Elle n'avait pas plus de vingt-cinq ans, elle était svelte et dorée, avec des paupières portugaises qui la rendaient plus distante, et quelques miettes de la tendresse qu'elle prodiguait à l'enfant eussent suffi à n'importe quel homme.

Gabriel García Marquez[1].

Y avait-il une solution au problème d'Agnès ? Au cours des semaines devenues des mois, elle pensait les avoir toutes épuisées. Et le temps qui s'écoulait, inexorable, la rapprochait chaque jour du terme de sa grossesse.

Il ne lui restait que deux certitudes :

— Elle ne pouvait compter sur lui. Lui, déjà le père de son fils de dix-huit mois, qui, dès le début de leur liaison, lui avait tant promis...

— Elle ne pouvait demander davantage à sa mère qui déjà s'occupait de son enfant. Elle le déposait chez elle le matin en allant travailler et le reprenait chaque soir, très ponctuelle. Elle savait qu'elle ne pouvait en attendre plus, sinon un week-end de temps en temps.

Et il y avait cette confiance dont elle parlait avec insistance.

Confiance qu'elle avait faite à cet homme qu'elle aimait et dont elle savait maintenant que la réciproque n'était qu'illusion. La certitude lui en était venue avec cette seconde grossesse. C'était son versant « femme », aimante encore, mère déjà...

Confiance que lui faisaient ses parents, dont elle ne pouvait se passer, qu'elle ne pouvait avoir trahie et qui semblait avoir valeur de contrat entre eux lorsqu'elle en parlait. Et

1. *L'Amour au temps du choléra,* Grasset, 1985.

là, c'était son versant « fille », encore dépendante de ses parents puisqu'elle avait encore tant besoin de leur aide.

Ce n'était pas un récit qu'elle m'avait fait. Elle n'avait rien à expliquer. Je n'avais rien non plus à demander. J'avais peu à peu reconstitué le puzzle, à l'aide de paroles laconiques, de silences éloquents, de regards si pleins de mots.

Nous nous étions rejointes d'étrange façon. Le Minitel, pour finir, l'avait aidée. En pianotant de longues heures, sans renoncer, elle avait cherché de l'aide et trouvé 3615 SOS Grossesse et les réponses du Dr Bernard Py. Un long message faisait un très clair bilan de toutes les possibilités offertes aux femmes « en mal de grossesse », pourrait-on dire, parce que, dès le début, rien ne leur permet de s'en réjouir.

Grâce à son clavier, elle précisait sa demande, réfléchissait à chaque réponse. Ainsi, peu à peu, grâce à un anonymat qui lui convenait, elle avait écarté l'impossible, retenu quelques pistes, pianoté encore. Un étrange dialogue se poursuivait ainsi. Le Dr Py pressentait que c'était grave, qu'il lui fallait garder le contact, aboutir bientôt. Il avait tapé à son tour : « Si je savais dans quelle région vous demeurez, je pourrais peut-être vous indiquer quelqu'un qui vous aiderait mieux... »

Elle avait hésité et finalement, toujours sous un prénom d'emprunt, elle s'était située. Nous étions à quelques dizaines de kilomètres l'une de l'autre. Par téléphone, je précisai au médecin ce que je pouvais proposer à Agnès. C'était le prénom qu'elle s'était choisi ou celui que je lui prête.

Le Dr Py lui transmit mes coordonnées. Elle eut en réponse une question bien précise, par Minitel toujours. « Si je peux lui faire confiance, m'aidera-t-elle à... le faire passer ? »

C'était ambigu, car n'est-ce pas le mot employé par celles qui, par culpabilité, parce qu'elles ne supportent pas de l'envisager et d'en décider, ne peuvent prononcer « avorter » ? Et Agnès approchait de six mois de grossesse...

Je pus affirmer au Dr Py que mon rôle ne consistait pas à orienter Agnès ni personne vers un avortement dit thérapeutique (en langage trompeur, car de quoi guérit-on ainsi ?) mais que je ne la tromperais pas avec l'imprécision de sa formule. Si Agnès avait réussi à trouver sur le Minitel 3615 Grossesse, elle avait certainement eu accès à d'autres informations faciles à obtenir et écarté les centres d'orthogénie.

J'avais lu *Un jour l'adoption* de Jean-Yves Hayez[1] et apprécié sa manière de parler d'abandon : « Passage me semble un mot assez neutre qui évoque le passage de Moïse d'une rive à l'autre... » J'en avais alors élargi l'interprétation possible : la naissance n'est-elle pas le passage obligé, laborieux, d'un ventre de mère à la lumière, au monde ?

Passage d'un projet d'enfant pour soi — un enfant de lui, pour lui, projet vain pour Agnès — à un autre projet encore imprécis, impensable.

Passage d'une mère à l'autre.

Passage d'elle-même qui a porté cet enfant bientôt achevé, à une autre qui en prendra soin.

Passage de la naissance à l'abandon, de l'abandon à l'adoption...

Le Dr Py avait donc, à son tour, tapé mes coordonnées. La réponse fut rapide. Le téléphone retentit dans l'heure qui suivit. Agnès ne me posa pas précisément la question du « passage » qui nous avait alertés. Elle me demanda seulement un rendez-vous rapide... que je lui donnai, à proximité de la gare et du métro. Et c'est dans un café que nous eûmes notre premier entretien[2].

La neutralité du lieu semblait convenir à Agnès. Je me proposai de m'assurer de ce que signifiait pour elle l'emploi du mot « passage » dont l'ambiguïté n'avait échappé ni au Dr Py ni à moi-même.

Elle ne s'embarrassa pas de préambules : « À six mois, n'est-ce pas, un enfant est viable ?... S'il naissait maintenant,

1. Fleurus, 1988.

2. Évoquer un tel lieu de rencontre surprend toujours les travailleurs sociaux. Je me souviens de la désapprobation unanime manifestée par les assistantes sociales auxquelles je propose, pour en débattre, la projection de la *Lettre à Marie*, court métrage de l'Association Bleu Orange, Moulin de Rochoux, 44260 Bouée.

il pourrait vivre ?... Alors ne pourrait-on pas le faire naître déjà... ? »

Ainsi, je sus qu'elle parlait de vie.

Elle était si visiblement enceinte que ce n'était pas sa grossesse qu'elle souhaitait cacher. Je ne sais plus quel alibi elle avait invoqué pour « rassurer » sa famille et ses collègues de travail. On était en hiver, et il lui était sans doute plus facile de camoufler un ventre si plein, si rond déjà. Il est vrai qu'avec moi, elle n'avait pas d'effort à faire.

Il fallut lui expliquer en termes médicaux qu'un enfant qui naît prématurément a actuellement de grandes chances de survie, mais qu'aucun médecin ne lui ferait courir le risque d'une prématurité provoquée. Nous fîmes donc le compte à rebours... dix semaines encore, neuf peut-être. Il n'y eut ni éclat ni révolte de sa part. Simplement, elle cacha son visage dans ses mains et pleura.

Puis nous avons pu évoquer l'avenir de cet enfant. Elle y avait pensé. Le message du Dr Py était clair ; elle l'avait entendu ; elle avait déjà réfléchi.

C'était bien d'un passage comme nous l'entendions qu'il s'agissait. Passage du silence à la vie, passage d'elle-même à un ailleurs. De l'abandon à l'adoption... Mais elle n'était plus seule à l'envisager. Je pouvais l'aider et le lui promis. À moi maintenant de chercher ce qu'elle ne pouvait découvrir seule. Il me fallait trouver un médecin qui comprenne sa demande et accepte de ne pas conduire cette grossesse au-delà du moment où il y aurait risque à faire naître le bébé ; une clinique pas trop éloignée de chez elle où l'accueil serait ce qu'il doit être. Cela ne pouvait être la maternité où elle avait déjà accouché et où on la connaissait bien.

Je lui proposai et lui promis de l'accompagner à son accouchement. « Pour mon fils, tout s'est passé très vite, très bien... mais *il* était là », dit-elle.

Une semaine, puis une autre. Le téléphone nous reliait et le temps passait doucement. Je pus lui faire part de mes démarches. Un gynécologue accoucheur, à qui elle pouvait faire totalement confiance et avec lequel elle passa les examens indispensables qu'elle n'avait pas faits jusque-là, lui précisa qu'il l'accoucherait lui-même.

Il ne fut pas facile de trouver près de chez elle un médecin chez qui elle pourrait se rendre en urgence au cas où l'accouchement se produirait inopinément, et qui pourrait prescrire un transport immédiat. (Par chance, elle n'avait pas eu d'appendicectomie et une crise aiguë serait un bon alibi !). C'est lui aussi qui pourrait la suivre après l'accouchement, et envisager pour elle quelques jours d'arrêt de travail.

Elle avait un projet si précis, auquel elle tenait tant, que je n'imaginais pas que les choses se passent autrement, malgré tout ce que nous avions éventuellement prévu.

Elle souhaitait arriver par le premier train, le premier samedi possible après l'avis du médecin, mettre ce bébé au monde et repartir dès le lendemain dimanche pour rejoindre son fils, après un « week-end exceptionnel avec des amis », envisagé avec sa mère, puis reprendre son travail dès le lundi matin...

Ainsi, peu à peu, tout était mis en place. Au téléphone, elle n'était plus angoissée. Elle ne se sentait plus seule, disait-elle. Souvent, j'entendais la voix de son petit Yan et nous en parlions aussi. Elle en était si fière. J'essayais aussi de laisser l'avenir en points de suspension. Qui pouvait le prévoir alors ? J'ai connu des changements de cap grâce à une issue imprévisible jusque-là, des variations de situation que l'on n'espérait plus, un revirement de l'ami...

Elle revint pour une dernière consultation. Le médecin put fixer l'accouchement au samedi suivant. Elle savait qu'elle allait mettre au monde une petite fille. Elle avait souhaité « l'entendre » à la dernière échographie, mais précisé déjà qu'elle ne voulait pas la voir à la naissance.

À l'arrivée du train, je la trouvai toujours aussi calme et déterminée. Tout se passa comme prévu. Elle accoucha vite et bien. Comme elle l'avait souhaité, la sage-femme emmena discrètement le bébé. Agnès resta longtemps silencieuse, les yeux clos. Puis elle demanda son poids, eut comme un sourire, mais si douloureux, et puis : « Je voudrais la voir. »

La sage-femme resta perplexe, m'interrogea du regard, et bien sûr j'acquiesçai.

Agnès tendit les bras, se saisit du bébé mais sans vraiment

s'en emparer. La petite fille pleurait, elle la serra contre elle, la berça en lui caressant la tête, si maternellement, si tendrement...

Puis elle dit : « Je voudrais rester seule avec elle... »

J'eus brusquement une appréhension, une angoisse. C'était la première fois que cela m'arrivait. Je sortis la dernière, m'efforçant de rester très calme.

« Quand vous le souhaiterez, vous nous appellerez, la sonnette est ici. »

J'avais besoin de cette précision, que plus tard je trouverais stupide. Il me faudra interpréter ma peur subite, cette absence de confiance si inhabituelle...

Nous nous retrouvâmes dehors.

« Voulez-vous un café ? » demanda la sage-femme un peu pâle. Elle était toute jeune et c'était son premier accouchement « sous X ».

Plus tard elle me demandera :

« Pensez-vous que j'ai été... bien ? »

En posant la question à Agnès qui seule pouvait donner la juste réponse, je pus la lui rapporter : « Elle a été... parfaite. »

Le temps me semblait long à attendre l'appel d'Agnès que nous avions laissée seule. Enfin la sonnette retentit.

Elle était calme ; la petite fille ne pleurait plus. Avec mille précautions, elle la tendit à la sage-femme qui sans hâte quitta la pièce. Agnès suivit son enfant d'un regard noyé de désespoir. Le secret de leur échange demeurera entre elles, à jamais.

Longtemps elle pleura.

Je suis restée près d'elle, il n'y avait rien à dire. Seulement être là ; qu'elle ne se sente pas seule mais perçoive, si elle en avait besoin, une main posée sur son épaule pour lui transmettre ce qui ne pouvait être formulé. Un geste qui écoute et partage l'indicible.

Elle signa le lendemain l'acte d'abandon qui s'intitule encore « procès-verbal [1] ». L'assistante sociale du service de

1. L'« accouchement sous X » n'a pas d'écho juridique. La maternité secrète ne s'envisage souvent que par rapport à des dispositions administratives. Un certain vide juridique explique la pratique d'usages qui ont souvent force de loi dans les maternités ou les administrations — ainsi,

l'Aide Sociale à l'Enfance lui proposa de l'accompagner plus tard voir le bébé au foyer de l'enfance où il allait passer trois mois, ces trois mois fatidiques que l'on appelle encore « délai de repentir » (!) au-delà desquels il deviendra pupille de l'État. Et c'est alors que, si sa mère de naissance ne l'a pas repris, le conseil de famille décidera de son adoption éventuelle.

Ce projet de visite à l'enfant la troublait. Elle me demanda si j'en connaissais « d'autres qui l'avaient fait ». Je lui répondis que chacune pouvait agir comme elle le souhaitait, que je comprenais qu'elle puisse en avoir très envie, mais que chaque fois elle devrait revivre la séparation, toujours aussi douloureuse, et qu'il fallait bien accepter de ne plus se faire mal quand on avait assumé son choix. Plus tard, par téléphone, elle me dit que l'envie de la voir ne l'avait pas quittée les premières semaines, mais qu'elle y avait renoncé.

En revanche, pendant les quelque trente heures passées à la maternité, elle était allée la rejoindre souvent, pendant son bain, à l'heure du biberon. Elle ne la prenait pas dans ses bras, mais la regardait intensément, comme si elle faisait le plein de souvenirs d'elle, tout cela en silence.

Le personnel en était très bouleversé et une telle intensité d'émotion m'amena à lui dire, avant l'heure du départ, cherchant un dernier recours : « Agnès, cela semble si difficile pour vous, pour elle... N'y a-t-il pas quelque chose à envisager, à quoi vous n'auriez pas pensé ? Qu'est-ce qui pourrait, qui devrait changer... ? »

Pendant quelques instants elle se concentra, les yeux fermés comme pour mieux voir en elle-même ou cacher sa souffrance et n'eut en réponse qu'un mot : « Tout... »

---

la pratique qui consiste à faire signer par la mère un procès-verbal « de remise » ou un « consentement à l'adoption » est une pratique abusive et inutile puisque par définition elle est anonyme. Ce qui ne l'empêche pas d'exprimer son désir de céder ses droits maternels en demandant que son enfant né sous X soit adopté. Le procès-verbal doit être signé par la responsable de l'ASE ou l'œuvre d'adoption qui recueille l'enfant (Code de la famille et de l'aide sociale. Loi 66-500 du 17.7.1966, art. 55 et 62.)

Elle partit le lendemain dimanche et dès le lundi matin retrouvait ses collègues de travail.

Elle m'avait promis de me téléphoner pour me donner de ses nouvelles dès son retour et ne manqua pas de le faire. Elle insista beaucoup sur ses retrouvailles avec le petit Yan, comme si elle le redécouvrait.

Avec son assentiment, je lui téléphonai à mon tour souvent. Elle reconnaissait immédiatement ma voix avant que je ne me nomme, comme si elle attendait. Toujours je lui disais : « Nous ne continuons que si vous le souhaitez. » C'était notre contrat, mais toujours elle répondait : « Oh oui ! »

Peu à peu j'espaçai ces entretiens où je lui parlais d'elle sans faire directement allusion à l'enfant. Elle savait bien que lorsque je disais : « Et vous, Agnès, comment allez-vous... », la petite fille était présente mais seulement comme elle le désirait, avec la place qu'elle souhaitait lui donner. De plus en plus, elle parlait du petit Yan à qui elle devait un surplus d'affection.

Quelques jours de vacances arrivèrent à temps. Elle les passa loin de chez elle avec son fils. À ce moment-là s'achevèrent les trois mois fatidiques.

Ce fut bientôt notre dernier échange. J'entendis Yan jouer bruyamment et joyeusement, appeler avec insistance « Maman, Maman... »

« Et maintenant, Agnès... ?

— Ça va... Et puis, il faut bien que la vie continue. »

Je n'oublierai jamais le geste si tendre avec lequel Agnès avait remis son bébé à la sage-femme. Leur première séparation à l'accouchement avait été comme une ébauche. Celle-là était comme une offrande : « La tendresse se propose et se vit en dehors de toute contrainte, elle ne s'inscrit pas dans une relation de pouvoir puisqu'elle est avant tout abandon et offrande. »

Les deux mots heureusement rapprochés par Jacques Salomé [1] prenaient là tout leur sens.

Le geste d'Agnès me rappelle ce récit d'une mère adop-

1. *Apprivoiser la tendresse*, Jouvence, 1991.

tive partie jusqu'au Sri Lanka chercher l'enfant qui allait être le sien : « La mère était devant moi, son petit dans les bras. Elle m'a regardée longtemps, elle pleurait. Puis elle me l'a tendu, comme cela, avec des mots que je n'ai pas compris mais qu'importe ; elle me l'a remis dans les bras, m'a embrassée, puis est partie, très vite... »

Ainsi le geste d'« abandon-adoption » anonyme, rempli de chaleur, d'intimité, au moment du passage d'une mère à l'autre, avec cette connaissance, puis re-connaissance de l'une par l'autre, naturelle et spontanée, me semble vécu dans sa plénitude. Encore faut-il que les parents d'adoption s'y soient préparés.

J'ai retrouvé cette émotion grâce à « A.fili.A.tion [1] » et à Sophie Marinopoulos qui a rapporté de Nouvelle-Zélande, où l'accouchement anonyme n'existe pas légalement, ce film tourné au Bethany Center. C'est un foyer qui reçoit les jeunes femmes indécises sur l'avenir de leur enfant. Aucune option préalable, aucune influence de la part du personnel, juste un suivi et un soutien très solides. Après une prise de conscience et dans une entière liberté, la jeune femme peut assumer son choix.

Après la naissance, elle s'occupe de son enfant elle-même, ce qui ne la dépossède pas de sa compétence de mère. Le onzième jour, elle fait part de sa décision.

Si elle choisit l'adoption, elle rencontre des jeunes mères en compagnie des couples adoptants ; et d'autres femmes ayant quitté le centre après l'adoption de leur enfant. Chacun fait part de son vécu. L'adoption est réussie, dit-on au Bethany Center, lorsque la mère de naissance a une pleine confiance en la mère d'adoption et réciproquement.

« C'est mon bébé mais c'est votre fille », dit la jeune mère lorsqu'elle dépose son enfant dans les bras du père adoptif.

La mère peut, si elle le souhaite, ne pas révéler son identité. L'anonymat est respecté. Le centre, en dix-huit années de fonctionnement, n'a connu qu'un « échec » : une seule mère a voulu plus tard revoir son enfant.

En France, nous sommes très loin de ces pratiques. Ce

---

1. Association A.fili.A.tion (Adultes Adoptés), 17, rue Paul-Bellamy, 44000 Nantes.

n'est pas rêver que de réfléchir sur ce qui existe ailleurs, de reconnaître les aspects positifs des diverses dispositions, de mieux comprendre, de mieux accepter et de plus sûrement aider, dans le respect des personnes, à ce choix et au bonheur de l'enfant.

Il me reste encore à analyser ce malaise, cette appréhension que j'avais éprouvés lorsque Agnès avait souhaité être seule avec sa petite fille.

La confiance était une sorte de mot clé dans sa vie. Celle qu'elle avait faite à cet homme qu'elle aimait. Celle que sa mère attendait d'elle et qu'en quelque sorte elle lui imposait. Celle qu'elle accordait sans restriction à ceux qui allaient la relayer auprès de son enfant. Celle que je lui avais manifestée jusque-là...

Qu'avais-je alors, et pour la première fois, redouté ?

Je le compris en retrouvant les pages où Catherine Bonnet[1] évoque longuement les « fantasmes meurtriers et les pulsions infanticides » qui envahiraient subitement ces jeunes femmes aux « grossesses impensables », en invoquant à leur sujet, en psychanalyste, une « pathologie de l'urgence psychiatrique ».

J'avais totalement réfuté cette interprétation. Je n'ai jamais perçu, en effet, cette « peur de la confrontation avec l'enfant ». Catherine Bonnet dit aussi que ces mères craignaient en fait de perdre « le contrôle de leurs impulsions meurtrières et de tuer l'enfant ».

Pour moi, c'est clair, ce ne sont pas ces grossesses qui sont impensables, mais l'interprétation qui en est faite.

Et pourtant, à mon insu, j'en avais été troublée. Il me fallut affronter ce problème, car je ne pouvais accepter cette défiance envers Agnès. Et s'il s'était agi de pulsion, n'était-ce pas en moi qu'il convenait de la repérer et de la maîtriser ? J'eus peur, puis honte, d'avoir redouté une pulsion de mort d'Agnès sur son enfant, alors que l'intensité de son chagrin et la force de sa tendresse ne pouvaient se vivre que dans l'intimité entre elle et l'enfant qu'elle venait

1. *Geste d'amour,* Odile Jacob, 1990.

de mettre au monde et dont elle savait qu'elle aurait, inéluctablement et le jour même de sa naissance, à se séparer.

Il me fallut lire d'autres pages pour retrouver la confiance qui m'était spontanée et dont je ne m'étais jamais départie jusque-là, sans avoir jamais à le regretter.

Pour Éliane Feldman-Desrousseaux, la pulsion de mort est le « formidable effort de la femme lors de la naissance, qui lui est à nouveau demandé, sur le plan symbolique, quand elle doit renoncer à la symbiose mère/enfant. C'est la pulsion de mort de la mère ou, si l'on préfère, sa force de désintrication qui permettra à l'enfant d'exister ». Je me sens tout à fait réconfortée avec cette dernière phrase : « La naissance est un meurtre, celui de l'enfant imaginaire, et il n'est pas d'exemple plus frappant de la pulsion de mort (meurtre) faiseuse de vie, que la naissance [1]. »

Et s'il peut encore s'agir de peur, ce serait mon propre fantasme, celui qui faillit me faire douter de la merveilleuse tendresse d'Agnès pour son enfant. Cette tendresse qui lui permit de passer de la cruauté de la vie à la douceur de vivre à laquelle ses vingt ans l'autorisaient à croire encore et qu'elle semblait retrouver peu à peu.

N'y avait-elle pas droit ?

1. Éliane Feldman-Desrousseaux, Michel Delcroix, *Naître aujourd'hui*, *op. cit.*

Camille... jusqu'à l'allaitement ?

Si une mère célibataire doit utiliser ses sentiments envers son enfant pour arriver à sa maturation sociale et émotionnelle, il lui faut sentir qu'elle est la mère de cet enfant avec l'approbation de ceux qui l'aident et sont en rapport étroit avec elle.

Elle est la mère de son enfant jusqu'à ce qu'elle l'abandonne et, sur le plan émotionnel, on devrait lui accorder le même statut et la traiter comme toute autre mère qui vient d'accoucher.

Rose BERNSTEIN [1].

Ma rencontre avec le livre de Rose Bernstein et ses *Mères célibataires* a été un moment déterminant dans l'évolution de ma réflexion et la suite de mon travail.

Je l'ai découvert un jour au Québec. Il m'a passionnée, souvent étonnée et même, par chance, choquée. N'est-ce pas ainsi que l'on perçoit le mieux ses propres limites ?

« Ils sont fous, ces Américains » fut ma première conclusion à la lecture de certains cas. Il me fallut souvent une longue réflexion pour adhérer à certaines façons de travailler, à cent lieues des nôtres.

Les assistantes sociales aux États-Unis ont une formation psychologique très poussée. Ce sont des thérapeutes compétentes dans les Foyers de Maternité (équivalent de nos centres maternels) ou Agences d'Adoption (nos équipes d'Aide Sociale à l'Enfance ou Œuvres d'Adoption).

Elles sont aptes à résoudre la « crise » psychologique que traversent ces jeunes mères. Rose Bernstein la définit ainsi : « Toute mère célibataire devra probablement affronter les questions concernant ses relations avec ses parents, la participation du père de l'enfant, sa compétence à être mère et les décisions à prendre pour son avenir et celui du bébé. »

Je retiens un cas exposé dans cet ouvrage qui me semble

1. *Op. cit.*

illustrer au mieux les qualités et la compétence de l'assistante sociale qui eut à le régler.

Camille, âgée de vingt et un ans, est enceinte de six mois lorsqu'elle entre au foyer de maternité. Elle est hostile, agressive avec tout le monde et particulièrement envers ses parents. Elle éprouve un fort sentiment d'infériorité et ferait n'importe quoi pour s'attacher un garçon, pensant que là est peut-être la raison pour laquelle elle est devenue enceinte. Elle sait intuitivement que si elle ne va pas « jusqu'au bout » avec lui, il trouvera une autre fille.

Elle dit ne rien éprouver pour le bébé et quand elle en parle c'est toujours pour se plaindre du temps qu'il met à naître, de la gêne qu'il lui cause et de la façon dont il l'a déformée. Elle ne peut s'imaginer éprouver pour lui des sentiments différents plus tard, quelles que soient les expériences des autres mères. Elle est demeurée hostile et a rejeté l'enfant tout au long de sa grossesse.

Après un accouchement sans histoire, Camille a donné naissance à un bébé à terme mais d'un poids insuffisant.

Lorsque l'assistante sociale lui rend visite, Camille est malheureuse et en pleurs. Elle a demandé à voir le bébé une fois et désire fortement le revoir, le tenir dans ses bras, s'en occuper. Elle ne cesse de penser à son bébé « maigre et laid », disant qu'il a besoin de soins particuliers que seule elle, sa mère, peut lui donner. Mais elle a aussi peur de ne plus être capable de l'abandonner si elle le voit trop.

Elle est tellement contente quand elle le revoit qu'elle « en aurait crié de joie ». Il lui semble pourtant mauvais de se réjouir de quelque chose qui peine tant ses parents. Son narcissisme et ses impulsions maternelles culminent dans un besoin pressant de s'occuper de lui. À ce moment-là, elle a besoin de se sentir mère plutôt que mère célibataire. Mais elle ne sait pas s'il est bon d'avoir de tels sentiments, ni si elle a le droit d'agir selon ce qu'ils lui dictent.

L'assistante sociale lui explique alors que ses sentiments pour le bébé viennent en grande partie des fonctions liées à la naissance et qu'ils sont aussi naturels et acceptables chez elle que chez toute mère.

Elle encourage Camille à parler de ce qu'il y a de positif dans le fait de s'occuper de son bébé, tout en n'ignorant pas qu'un contact prolongé pourrait rendre la séparation plus difficile. Bien que certaines mères aient parlé de la satisfaction de s'être occupées de leur bébé qui semblait compenser la douleur de la séparation, on ne pouvait prévoir comment elle, Camille, réagirait parce que le cas est différent pour chacune. Quoi qu'elle choisisse et décide de faire, Camille saurait que c'était sa propre décision et qu'elle l'avait prise parce que c'était son privilège de mère. L'assistante sociale l'aiderait seulement à se déterminer dans ce qu'elle, Camille, pensait le meilleur possible pour elle et son bébé.

Camille décide alors de le nourrir pendant la durée de son séjour en maternité. Elle aime ce rapprochement avec son bébé et elle est agréablement surprise de voir combien il est facile d'apprendre à s'en occuper. Elle trouve surtout rassurant de constater qu'une décision prise par elle-même a d'heureuses conséquences.

Ce qui l'ennuie surtout, c'est le refus de ses parents de voir le bébé, refus qui la blesse parce qu'elle aurait aimé parler de lui avec eux ; mais elle dit : « J'imagine que je ne peux pas tout avoir. »

Au moment de quitter l'hôpital, Camille, un peu gênée, fait savoir à l'assistante sociale qu'elle désire garder le bébé quelques jours avec elle au foyer de maternité, car elle aimerait pouvoir s'en occuper elle-même. Toutefois, elle craint que ses parents ne soient fâchés et ne veut pas les affronter sur ce sujet. Elle est déchirée entre le désir de prendre ses propres décisions et le besoin de leur approbation. Elle ne sait pas si elle doit se conduire comme une mère ou comme une enfant vis-à-vis de ses parents.

L'assistante sociale lui fait remarquer qu'elle n'est plus une petite fille qui réclame quelque chose pour elle, mais qu'il lui faut résoudre un problème qui les concerne, elle et son enfant. Elle lui suggère d'étudier ensemble de quelle façon elle pourrait présenter sa décision à ses parents.

En définitive, Camille se tira bien de cette situation. Ses parents ont dit plus tard que, quoiqu'ils aient été choqués et qu'ils aient eu une certaine appréhension en voyant Camille emmener le bébé dans le foyer, ils avaient été agréablement surpris du calme et de la maturité d'esprit avec lesquels elle leur avait fait part de sa décision.

Peut-être avaient-ils plus de confiance en elle et en eux mêmes qu'elle ne le pensait.

Le bébé fut remis par Camille au service d'adoption après être resté trois jours au foyer de maternité avec elle.

C'est en l'aidant à faire la distinction entre ses privilèges de mère et ses responsabilités de fille que l'assistante sociale l'a aidée à mûrir. Camille apprit qu'elle ne pouvait être une enfant et une adulte à la fois, que son droit de prendre des décisions concernant le bébé entraînait également l'obligation d'avoir une conduite responsable envers ses parents. Et que, s'il le fallait, elle devrait donc accepter leur désapprobation. Au fur et à mesure qu'elle constatait sa capacité à prendre de bonnes décisions, elle put aborder sans subterfuges les différends qu'elle avait avec ses parents. Ainsi, par une succession de décisions nées de sa relation avec son bébé, elle se comporta en adulte responsable envers lui et ses parents.

Je ne suis pas à l'aise en relatant ce cas, car je n'ai pas vu moi-même Camille, et j'en garde une impression d'inauthenticité. Je n'ai, pour ma part, jamais encore constaté l'écoute compréhensive d'une équipe de maternité, d'un centre maternel, d'un service d'adoption, qui aurait permis que se réalise l'allaitement. Quelques tentatives ont bientôt connu l'échec parce qu'un obstacle incontournable a surgi *in extremis*.

Le plus souvent, l'effroi passait sur les visages lorsque j'avançais qu'une mère envisageait d'allaiter son enfant pendant son séjour en maternité.

J'ai essayé parfois de suggérer qu'on réfléchisse en équipe sur les propositions faites par Françoise Dolto [1] sur l'adoption. Non pour y souscrire, mais afin que chacun de nous puisse améliorer sa façon de travailler, éviter toute routine, profiter d'autres expériences. Ne peut-on s'inspirer de ce que l'on pratique au Sri Lanka, en Nouvelle-Zélande, à Papeete ? Non pour plaquer sur le projet d'abandon en France ce que d'autres pays, d'autres ethnies

1. *Op. cit.*

ont mis en place avec d'heureux résultats, mais pour savoir ce qu'il nous serait possible de mettre en place pour mieux faire.

Ne pourrait-on imaginer que soit réalisable le geste d'offrande douloureuse mais déterminée de la mère de naissance à la mère d'adoption ? Chacun garderait en souvenir l'intensité de l'émotion de l'autre, incommensurable, sauf celle ressentie par l'enfant, peut-être ? Plus tard, quel viatique ce serait face à l'interrogation de sa naissance !

Catherine et ses désirs fous

Tu ne verras pas ta mère dans la réalité mais tu la portes à l'intérieur de toi, pour toujours.

Caroline ELIACHEFF[1].

Catherine a trente ans et déjà un garçon de onze ans. Elle attend un second enfant d'un homme qu'elle aime mais dont elle dit : « Je n'en ferai jamais un père et je sais que l'on ne peut se passer de père. Je voudrais une famille pour lui. »

Non sans émotion mais calme et déterminée, elle me déclare :

« Cet enfant, je l'aime et déjà je le lui dis. C'est le mien mais il ne sera pas à moi.

« Je suis exigeante pour lui mais pourtant je n'exige rien.

« Je lui voudrais des parents aussi bien que possible, chrétiens parce que je n'imagine pas la vie sans cette dimension.

« Qu'ils soient généreux car il sera généreux : je suis généreuse, j'accueille, je donne...

« Qu'ils aient le sens du beau, car pour moi c'est important. J'aimerais que ce soit aussi important pour lui... J'aime ce qui est beau, ce qui m'entoure et que je peins, je choisis des objets qui me plaisent mais je peux m'en dessaisir sans regret car je n'ai pas l'esprit de possession.

« J'aimerais rencontrer des futurs parents, de ceux qui seraient sa famille, car quiconque mieux que moi est capable de sentir ce qui conviendra à mon enfant ?

« Je ne souhaite pas connaître leur nom ni leur adresse, ni qu'ils sachent le mien ; mais par un intermédiaire, avoir

1. *Op. cit.*

quelquefois des nouvelles de l'enfant. Et leur en donner de moi s'ils le souhaitent.

« Il me semble que je ne leur serai pas étrangère puisque je leur aurai donné mon enfant.

« Je leur dirai de moi ce qu'ils ont envie ou besoin de savoir, pas plus.

« Je voudrais les entendre dire ce qu'ils envisagent de faire vivre à mon enfant.

« Je veux le mettre au monde puis l'allaiter aussi, si je peux pendant deux semaines ou trois, puis le leur donner.

« Après, la séparation sera douloureuse bien sûr, mais je sais qu'elle sera possible puisque je lui aurai donné tout ce que je pouvais pendant que je le pouvais encore.

« Je sais qu'elle pourra alors être paisible. »

Ainsi que je le lui avais promis, j'ai essayé de transmettre aux responsables de l'adoption ce que m'avait exprimé Catherine.

On s'est récrié. On m'a dit qu'elle était folle d'espérer tout cela. Et moi aussi, sans doute, de l'avoir écoutée. Que de telles exigences ne pouvaient être prises au sérieux et que je devais l'en dissuader.

Et qu'en tout cas, l'adoption ne saurait être cela parce qu'il y avait des lois...

Justement, ne leur faisons pas dire ce que l'on ne trouve dans aucun de ses codes. La loi est au service de la personne, sinon elle est inhumaine et perverse. Si nul n'a le droit de l'ignorer, personne non plus n'a le droit de la défigurer.

De l'abandon à l'adoption
D'une mère à l'autre

Un homme de la tribu de Lévi, en était allé prendre pour femme une fille de même lignée. Celle-ci conçut et enfanta un fils. Voyant qu'il était beau, elle le dissimula pendant trois mois.

Lorsqu'il lui fut impossible de le tenir caché pendant plus longtemps, elle se procura pour lui une corbeille en papyrus qu'elle enduisit d'asphalte de poix.

Elle y plaça le petit enfant et le déposa parmi les roseaux proches du fleuve.

Exode 1,2.

L'abandon, l'adoption sont deux projets partant d'une même et généreuse intention : rendre un enfant heureux.

L'histoire de Moïse abandonné sur les bords du Nil par Yokebed, sa mère, quand il eut trois mois, ne s'arrête pas là. Milan Kundera en mesure les conséquences : « Si la fille du Pharaon n'avait pas retiré des eaux le panier du petit Moïse, il n'y aurait pas eu l'Ancien Testament et toute notre civilisation ! Au début de tant de mythes anciens, il y a quelqu'un qui sauve un enfant abandonné [1]. »

En quelques mots, l'Écriture nous dit simplement que Bithia, la fille du Pharaon, « le traita comme un fils ». C'était il y a 3 200 ans : déjà l'adoption.

Comment évoquer l'une de ces deux mères sans penser à l'autre, sans les voir reliées par cet enfant ?

Aujourd'hui encore, par-delà les siècles, l'histoire se renouvelle : une mère de naissance qui accouche « sous X », une mère d'adoption qui prendra le relais auprès de cet enfant. Comme si elles n'existaient que l'une par l'autre, et pour lui.

Après ces longues années de travail avec elles, quand on me demande de parler de ces mères anonymes qui m'ont tant appris de la maternité et de l'amour maternel, ce sont

1. *L'Insoutenable Légèreté de l'être*, Gallimard, 1984.

des visages qui s'interposent dans mon esprit, des appels angoissés, des gorges serrées, des yeux noyés, des regards pathétiques.

J'ai entendu, retenu ce qui s'est dit à voix basse. Celles que longtemps on a qualifiées de « misérables et miséreuses », puis « incapables de », on a cherché à les mieux comprendre en commençant par les reconnaître « démunies ».

Lorsqu'on les écoute, on évalue plus facilement les manques dont elles ont souffert, même si parfois elles n'en n'ont pas elles-mêmes pris la mesure. C'est dans son rapport avec l'enfant que l'on saisit ce qui anime et détermine chacune d'elles.

Un enfant « *pour moi* », a-t-elle pu imaginer un jour, espérant combler ainsi les frustrations successives, une solitude trop pesante, un manque affectif insurmontable alors. Puis, en prenant corps, en s'introduisant dans le concret de sa vie, cet enfant est devenu peu à peu, pour elle, un enfant « *à moi* ».

Mais un jour, la réalité s'est insinuée dans l'impossible projet, prenant le pas sur le rêve un temps apaisant, l'éloignant peu à peu de ce désir de l'avoir pour soi. Bientôt perçu comme un enfant « *de moi* », il demeurera encore en elle comme présence à amener, jour après jour, jusqu'à la naissance.

Lancé dans un avenir où, lucidement, elle sait ne plus avoir de rôle possible, il restera pour elle présence éloignée de tout désir de possession, dans un inaccessible ailleurs. Un enfant « *pour une autre mère* »...

Être mère, c'est, dit-on habituellement, « avoir » un enfant. Ne serait-il pas plus juste de dire que l'on devient mère par la naissance ? Intensément vécu, ce moment de la mise au monde peut révéler à cette mère qui pressent ne pouvoir l'être dans l'avenir, les limites du possible pour elle.

C'est la naissance, la *connaissance* de cet enfant qui va lui révéler l'impossibilité de la *reconnaissance.*

Elle sait bien que ce n'est pas une petite chose, si belle

soit-elle, qu'elle a mise au monde, mais *quelqu'un*, qui n'est une *personne* que lorsqu'il a un nom.

Avoir porté, accouché, ne suffit pas pour qu'une femme se sente apte à être mère de cet enfant-là. De n'en pas parler, de se retenir d'y penser n'empêchera jamais la connaissance qui subsistera au plus profond d'elle-même de cette naissance. C'est lui faire violence de ne pas permettre que s'exprime, autant que faire se peut, ce « devenue mère » sans lendemain.

Alors, seulement, après l'abandon pourra avoir lieu l'adoption. De même que l'on ne saurait, dans l'amour, se donner sans s'abandonner, on ne peut, dans l'adoption, donner que ce qu'auparavant on aura de son plein gré abandonné. Après avoir accepté de s'en déposséder.

La mère adoptante peut-elle alors accepter cette réciprocité et vivre à son tour cette réalité : un enfant « *à moi* » mais non « *de moi* » ? Et aussi un enfant « *pour moi* », fait par cette autre mère qui s'en est totalement défaite ? Jamais plus nettement que dans l'adoption, ne se distingue la fonction de gestation des fonctions nourricières, familiales, sociales. L'une ne pouvant, dans ce cas précis, exister sans l'autre.

Lorsque dans une relation le lien, au sens d'attachement, n'a pas existé ou ne peut perdurer, lorsqu'il n'y a pas de conjugalité possible, le père n'est pas tant le géniteur que celui qui adopte l'enfant comme le sien, le nommant de son nom « de famille ».

Quelle re-connaissance saurait-elle mieux s'accomplir ?

L'enfant naît parfois sous le signe de l'ambiguïté : pas toujours désiré pour lui-même, mais nanti d'un rôle qu'il ne peut assumer. L'enfant ne saurait être le thérapeute d'une mère ou d'un couple. Pas davantage il ne peut compenser les frustrations ou combler une solitude, si douloureuse soit-elle.

Aux origines de la venue au monde d'un enfant semblent parfois s'enchevêtrer les lois de la nature, le jeu de la société, qui avec ses lois régit les droits de l'enfant, les devoirs des parents (ou vice versa), le désir d'un homme, d'une femme, l'instinct de perpétuation de l'espèce...

Sans oublier les trois désirs rappelés par Françoise Dolto : « L'enfant est le point focal qui s'est charnalisé de trois désirs, le désir d'un père à travers la cellule qui a donné la vie, le désir de sa mère à travers sa cellule féminine qui a donné la vie et le désir de cet être humain, l'enfant de ce couple, d'entrer dans la vie. »

Pour tel autre couple, malgré le désir qu'il en a, l'enfant est attendu vainement. La fécondité ne connaît pas de sublimation : elle ne se joue que dans la maternité et la paternité qui ne peuvent qu'être affectives et éducatives.

Mais que l'on y prenne garde. René Clément et Marthe Weiller-Bondon le rappellent[1] : « Le secret des origines garantissant le secret de l'origine sexuelle de l'enfant, l'adoption peut alors fonctionner comme un leurre, comme si le désir conjoint de paternité et de maternité des adoptants suffisait à faire exister réellement la famille, occultant et raturant par là qu'il avait fallu préalablement l'union ou le désir charnel d'un homme et d'une femme. »

L'adoption ne saurait être une réponse à l'échec des procréations médicalement assistées, voire un dernier recours. Pas plus que l'abandon n'est une réponse à l'interruption volontaire de grossesse. C'est un autre projet, une autre vocation, pourrait-on dire, qui exige une autre réflexion et une tout autre décision.

L'adoption est une histoire d'amour, disent volontiers les parents qui prendront le relais auprès de cet « enfant de cœur » comme ils l'appellent joliment[2].

Ne peut-elle être aussi une histoire d'amour qui se jouerait à deux voix pour être harmonieuse entre la mère de naissance, mère d'abandon... et la mère d'adoption, celle qui aura le privilège d'être à vie appelée « maman » ? Pour l'admettre, elles doivent l'une comme l'autre accepter que ce soit une histoire de renoncements. Le renoncement est l'abandon de la possession. Renoncer, c'est aussi cesser par

---

1. *Enfants en souffrance, op. cit.*
2. Sylvie Servan-Schreiber, *Les Enfants de cœur,* Hachette-Carrère, 1991.

impossibilité de réussir, cesser d'espérer. Renoncer volontairement, c'est admettre que le désir est irréalisable.

Il ne s'agit pas de résignation, qui serait se soumettre avec passivité, sans protestation, ou parfois avec amertume. Ainsi, *d'une mère à l'autre,* pourra se jouer une belle histoire dont l'enfant est le sujet, et dont il ne saurait se passer. L'une comme l'autre auront un travail de deuil à accomplir, mais on ne peut « faire son deuil » que de ce qui est connu et lorsque la séparation ou l'acceptation sont accomplies.

Pour cette mère qui se sépare de lui, pour cette mère qui le reçoit, pour cet enfant accueilli, il est bon de donner à ce geste d'abandon un contenu de vie afin que le deuil soit possible. À qui régler la dette de reconnaissance mutuelle, si ce n'est à l'enfant ? Il est un médiateur entre elles. Reconnaissance de dette, dette reconnue...

J'ai rencontré un couple qui élevait avec amour une petite fille d'une mère porteuse, inséminée par le sperme du mari. À eux aussi j'ai posé cette question, dérangeante sans doute, mais qui me tient à cœur tant elle m'apparaît la clé de toute adoption : « Quel regard avez-vous sur la mère de naissance de votre enfant ? »

C'est la femme qui me répondit vivement : « Aucun, elle a rempli son contrat... C'est tout. »

Et je ne peux cesser de me poser la question : Où est la dette ? où est le don ? où est l'abandon ? où est l'amour... ? Est-ce plus facile à vivre de n'en pas tenir compte ? L'enfant peut-il s'en accommoder ?

L'abandon comme l'adoption impliquent une mise à distance progressive, nécessaire, d'un présent douloureux, ce qui permettra à chacune de poursuivre sa propre histoire. Comme une page que l'on tourne mais que l'on n'arrache pas, sous peine que le récit perde son sens. Il est des événements qui jamais ne s'effacent : la naissance d'un enfant non reconnu ou son absence reconnue sont de ceux-là.

Qu'en est-il alors du renoncement ?

Pour la mère de naissance, il faudra renoncer à une histoire d'amour marquée du sceau de la précarité, de l'éphémère ou de l'insignifiance ; le temps d'un rêve, d'un désir fou qui deviennent bientôt illusion, tromperie, puis indifférence et délaissement. La grossesse prématurée est souvent le fruit d'une affectivité encore immature. Que reste-t-il de ces étreintes sans beauté et sans joie, sans espoir de joie, sans droit à l'espoir... ?

La réalité s'impose alors sous forme de honte, de culpabilité, avec en leitmotiv :

« Je n'ai pas voulu cela... »

« Je ne peux pas moi toute seule... »

Il faut renoncer à l'enfant rêvé. Mais pas renoncer aux droits qu'aucune loi ne donne explicitement, qu'aucune loi non plus ne dénie et qu'il faut reconnaître comme tels : droit de le voir à la naissance, de le nommer, de le caresser, de lui parler, de le nourrir peut-être...

« Pour lui donner tout ce que je peux pendant que je le peux encore... »

Parvenir au renoncement définitif.

« Je veux pour lui une famille que je n'ai jamais eue et que je ne peux lui donner... »

« Je ne veux pas qu'il connaisse ce que j'ai connu... »

« Je veux qu'il ait un père, un vrai, car de "lui", je sais que je ne ferai jamais un père... »

Quant à la mère d'adoption, il lui faudra accepter d'être inféconde après l'avoir tant espéré. Accepter aussi de ne pouvoir le porter, le mettre au monde, l'allaiter...

Renoncer aussi à être la mère réparatrice, celle qui va compenser ce qui est peut-être, pour l'enfant, la souffrance de l'abandon. Souffrance qu'il ressentira sans doute, même s'il ne sait pas l'exprimer. Elle n'y a pas forcément accès.

Renoncer à être la seule pour cet enfant, renoncer à se situer par rapport à « l'autre », « la vraie »..., « la pas vraie »..., « la dame », « cette femme qui... » ; ou celle que l'on nomme si volontiers actuellement la mère biologique, comme si cette dénomination pseudo-scientifique devait instaurer une froideur distante en guise de chaleur humaine... « Les parents adoptifs accepteraient-ils volontiers d'être parents psychologiques s'ils nomment biologique la mère de naissance ? » interroge René Clément.

La mère de naissance n'est pas une rivale pour la mère d'adoption, elle n'a pas fait mieux. Elle se situe avant, dans un amont qui n'est pas le temps passé à la pouponnière.

Un amont qui remonte à la fécondation de cet enfant, qui renvoie aussi à la sexualité des parents de naissance comme à celle des parents d'adoption.

« Bien avant sa naissance, l'enfant partage avec sa mère le secret de la conception, j'allais dire le mystère de la fécondation », n'hésite pas à affirmer Fabrice Delfieu[1]. Et il ajoute : « Une communication secrète s'établit entre eux dont l'enfant gardera, estompée, une mémoire enfouie dans l'inconscient, bien au-delà de sa naissance, peut-être jusqu'à sa mort. Ce discours s'exprimera dans son histoire personnelle, dans son caractère même, comme un *secret de famille.* »

Il faudra aussi regarder en face les fantasmes de prostitution et d'inceste qui angoissent parfois les parents adoptifs et qui resurgissent brusquement dans les prémices de la sexualité de l'adolescence. Nous avons tenté ce regard dans le cas de Dany, Frédérika ou Liliane. Les adoptés adultes n'y échappent pas non plus, ils le disent.

Peut-on renoncer facilement à être « tout » pour l'enfant ? Il lui arrive de rappeler, non sans amertume, que lui n'a pas choisi d'être adopté et qu'il a du mal à ad-opter ses parents.

Est-ce la mère adoptive idéale qu'évoque Chantal Delsol[2] : « Elle ne cherche pas à se substituer, on ne remplace pas l'irremplaçable » ?

Ces deux mères n'existent pas l'une sans l'autre. La mère qui accouche anonymement est parfois exigeante pour son enfant, mais elle ne conteste pas le futur statut de sa mère adoptive. J'ai souvent mesuré cette confiance inconditionnelle en celle qui va prendre le relais, l'acceptation totale de ce couple parental qu'elle veut pour son enfant. Dont elle-même a besoin « pour que la vie puisse continuer ».

Parents adoptants, pendant ces longues, si longues années d'attente, n'oubliez pas de vous préparer aux

1. Fabrice Delfieu, Joëlle de Gravelaine, *Parole d'adopté,* Robert Laffont, Réponses, 1988.

2. *L'enfant nocturne,* Mercure de France, 1994.

besoins de votre enfant, et pas seulement aux carences éventuelles qu'il aurait pu subir. Vous n'en êtes pas responsables et vous risqueriez d'en aggraver les effets en les niant, comme en voulant trop les compenser.

Préparez-vous à lui parler de son adoption dès que vous serez ensemble, car lui est prêt à l'entendre : il vient de vivre son abandon. On n'attend pas pour parler à un enfant qu'il soit « en âge de comprendre ». Son histoire ne commence pas le jour de votre rencontre.

Saurez-vous lui parler de sa mère de naissance quand et comme il le souhaitera ?

Je n'aurais jamais pu travailler avec ces mères, si jeunes parfois que l'on ne sait comment les nommer, si je n'avais pu évoquer avec elles un avenir pour leur enfant et répondre à cette question qui les angoisse parfois si fort : « Que vont-ils penser de moi, et que vont-ils lui dire, les parents de mon enfant... ? »

Cet avenir a un aspect qui n'est pas l'adoption — ce ne serait qu'une abstraction —, mais le vôtre.

C'est en leur transmettant ce que j'ai appris de vous, de vos paroles, la réalité de ce que vous leur proposez, qu'elles peuvent peu à peu élaborer un projet et que vous devenez le relais dont elles ont besoin pour pouvoir aller jusqu'au bout : donner la vie à cet enfant puis s'en séparer.

Êtes-vous prêts à savoir qu'il n'y a pas, dans le dossier de cet enfant, uniquement les données médicales ? Le dossier vous est nécessaire mais il faudra bien qu'on se décide un jour à l'étoffer suffisamment pour que, le cas échéant, les médecins qui vous aideront à veiller sur la santé de l'enfant y trouvent les antécédents qui sont si souvent indispensables. Souhaitez-vous connaître son origine — la campagne peut-être, la cité universitaire ou le foyer de la DASS qui fut sa seule famille à elle, la mère de naissance ?... Peut-être pourra-t-on y consigner aussi ce qu'elle aura exprimé, pourvu qu'on l'ait écoutée. Mais entre ce que l'on attend qu'elle dise et ce que l'on a peur d'entendre, comme elle a souvent du mal à parler !

Êtes-vous prêts à savoir qu'il y a peut-être dans ce dossier un écrit où votre enfant trouvera un jour, et s'il le souhaite, les raisons de la décision de sa mère, l'expression de son déchirement d'alors ; peut-être une photo qu'elle y aura déposée, emportant pour elle-même une première photo de lui ?...

Vous attendez-vous à ce qu'on vous apprenne le prénom choisi par sa mère de naissance et, si oui, qu'allez-vous en faire ?

Fabrice Delfieu nous dit mieux que quiconque ce que cela peut représenter : « En ce qui me concerne, je pourrais m'habituer à n'importe quel nom d'emprunt ou prénom d'adoption puisqu'il faut bien que je sois nommé, mais je garde au plus secret de mon moi une désignation originelle, celle qui m'a été attribuée à la naissance et retirée ensuite à tout jamais[1]. »

N'oubliez pas qu'il est des messages qui ne sauraient être détournés de leur destinataire. Et pourquoi en auriez-vous peur ? L'enfant a besoin qu'on lui restitue quelque chose de son histoire, tous ces détails qui lui seront précieux lorsque le manque de racines sera difficile à vivre pour lui. Ces détails sont bien plus importants que le nom, l'identité de sa mère dont il aura juste besoin pour chercher la preuve qu'il n'a pas été rejeté, espérant follement se l'entendre dire alors, peut-être par elle...

Car c'est cela qui constitue l'inacceptable, l'intolérable : croire qu'on a été re-jeté par sa mère. Imaginons l'angoisse qui saisirait chacun de nous, si nous pensions que nous aurions pu être rejeté par notre propre mère...

Ne cherchez pas à lui inventer une histoire qui risquerait de n'être bonne que pour vous. Comment pourrait-il porter la complexité de ce qui serait le reflet de votre histoire à vous, avec tous les aléas, les espoirs, les souffrances qui ont précédé sa venue ?

Ne lui refusez pas ce qui peut lui être dit sur l'amour qui l'a créé, qu'elles qu'en aient été les conditions et les

1. *Op. cit.*

personnes. Lui sans doute en sait-il plus que vous de ce temps où il était avec « elle ». Aldo Naouri nous dit que « le nouveau-né parvient à la vie aérienne avec une expérience déjà riche du monde qu'il n'aura cessé de côtoyer[1] ».

Quel est notre rôle alors ? demandent les pères d'adoption. Peut-être devrais-je, pour les aider à se situer, évoquer ceux que nous avons à peine entrevus, que je n'aime pas appeler seulement géniteurs, et dire ce que j'ai compris de leurs dérobades. Et si cette irresponsabilité n'était que la conséquence d'une exclusion préméditée, d'une frustration induite dont les femmes qui abandonnent par manque de père auprès de leur enfant, par manque d'homme auprès d'elles, seraient elles-mêmes victimes ? Évelyne Sullerot interroge : « Comment avons-nous pu en arriver là, en toute bonne foi, au nom de la défense des femmes ? Et quelle société naîtra de ces enfants sans pères ? » Et elle évoque « l'effritement dramatique du concept de paternité »[2].

Si la maternité est inscrite dans le corps de la femme comme potentialité, la paternité, elle, est toujours incertaine. La femme peut priver de paternité un homme dont elle porte l'enfant. De même, elle peut faire père un homme qui ne veut pas d'enfant... Ainsi, la paternité ne repose que sur la parole : parole d'une femme qui désigne celui qu'elle aime comme père de son enfant. Investi de cette parole, celui-ci pourra à son tour « nommer » son enfant et dénouer ce lien symbolique qui l'unit à sa mère plus que le cordon ombilical, seulement relié au placenta et évacué avec lui !

Dans l'adoption, une autre tâche est dévolue au père. Il lui faudra aider sa femme, devenue mère grâce à une autre, à porter sur cette dernière un regard positif, bienveillant, aimant peut-être, au moins reconnaissant...

1. *Une place pour le père*, Le Seuil, 1985.
2. *Quels pères, quels fils ?*, Fayard, 1992.

Cet enfant, dont vous êtes devenus les parents, vous pourrez l'aimer comme il a besoin de l'être, en tenant compte de son histoire, depuis le moment où il a été conçu, puis porté, mis au monde, abandonné, jusqu'à celui où vous l'avez adopté. Cet enfant que vous reconnaissez comme vôtre, mais auquel vous accorderez le droit d'être né *quelque part* et de *quelqu'un*.

Et une femme qui portait un enfant dans les bras dit : Parlez-nous des Enfants. Et il dit :
Vos enfants ne sont pas vos enfants
Ils sont les fils et les filles de l'appel de la vie à elle-même
Ils viennent à travers vous mais non de vous
Et bien qu'ils soient avec vous ils ne vous appartiennent pas..
Car la vie ne va pas en arrière ni ne s'attarde avec hier.

Khalil Gibran, *Le Prophète.*

ANNEXE

Conseillère conjugale en centres maternels

La présence d'une conseillère conjugale en centre maternel peut, de prime abord, sembler insolite. Il n'est donc pas inutile de rappeler que, dans le cadre du conseil conjugal, entrent également les relations d'aide psychologique pour des situations marginales par rapport au phénomène du couple, problèmes d'ordre sexuel (impuissance, frigidité, disharmonie sexuelle, troubles dans l'interaction sexuelle et la compréhension entre partenaires) et de contraception, bien sûr [1].

Le couple a eu ou a encore sa place dans l'histoire de ces jeunes femmes : couple éphémère, fallacieux, couple alibi, couple fantasmatique, couple thérapeutique, couple adultérin, incestueux... même pour celles qui disent ne pas savoir comment elles sont « tombées enceintes » et qui inventent le viol, l'amnésie, tant la réalité est insoutenable.

Le couple est à la fois nié, en référence à l'expérience récente, amère — on ne veut plus y croire parce qu'on a trop voulu y croire —, en référence aussi au couple parental, dans la majorité des cas désuni ou inexistant. Et c'est là aussi qu'est la cause de leurs difficultés antérieures et actuelles.

Il faudra bien pourtant, passé ces premières réactions — elles sont nécessaires —, tenter une réhabilitation du couple, comme il faudra aussi réhabiliter l'homme, la relation sexuelle... Ce mot de réhabilitation doit être pris au sens anglo-saxon du terme : capable de servir à nouveau, et non avec la nuance juridique ou morale que l'on y met souvent.

---

1. Guy Rucquoy, *La Consultation conjugale*, Éditions Charles Dessart, Bruxelles, 1974.

Encore plus délicate et non moins nécessaire sera la réhabilitation de leur sexualité (éducation, rééducation sexuelle...), de leur féminité malmenée, tout ce qui a été vécu de façon si négative, pénalisante et destructurante quand on a parfois moins de quatorze ou quinze ans... Ne doivent-elles pas apprendre à vivre en tant que femme, avec ou sans enfant ?

J'appris que leur parler, c'était me mettre toujours davantage à leur écoute et que ma « sollicitude » à leur égard devait s'exercer dans toute l'acception du terme. D'une part, ainsi que le dit le dictionnaire qui m'est décidément précieux, leur porter « une attention soutenue » et d'autre part, comme le révèle l'étymologie, « mettre en mouvement totalement ». Avec la conviction que chacune a des trésors de compétence qu'elle ignore, inscrite en elle, attendant justement d'être mise en mouvement.

Ce dynamisme me séduit et c'est une conviction que je veille à garder toujours vigilante depuis que je l'ai apprise de Rogers : « *On becoming a person...* », et qui m'apparaît de plus en plus être la clé de toute relation authentique. Et quand elles me disent ce qu'elles savent et que moi je ne sais pas encore, même si mes repères sont remis en question ou mes certitudes ébranlées, je m'apprends à dire tant mieux et à penser en vérité que c'est de bon augure.

Ainsi, cette période de crise peut devenir un temps privilégié pour chacune, le temps de prendre conscience de ses difficultés, de ses possibilités, et émerger de cet état de femmes « abandonnées avec un enfant, qui se braquent du coup contre tous les hommes, c'est-à-dire contre la vie elle-même », dit Françoise Dolto [1].

Dans le cas des plus jeunes, si on ne les aide pas, cette maturité vécue trop tôt s'évanouira quand viendra l'âge adulte, grandes personnes infantiles, en quête d'un passé, d'une enfance perdue.

Mon projet doit rejoindre leur demande, même si celle-ci est laborieusement formulée, si peu perceptible parfois.

Alors j'ai choisi des moyens concrets pour travailler au niveau de leur corps et au-delà. Car il faut rendre perceptibles, par l'image, des notions que les mots ne sauraient introduire, visualiser ce qui, pour beaucoup d'entre elles, serait incompréhensible et qui pourtant est indispensable à toutes, à la « petite débile » comme à la « grosse caractérielle », à la jeune rurale un peu fruste, comme à l'étudiante qui m'affirme en préambule que, bien sûr, elle connaît déjà tout cela ; à la Réunionnaise récem-

1. *Op. cit.*

ment débarquée, comme à celle qui s'est prostituée déjà et qui ne supportera pas la diapositive, pourtant très scientifique et distante, de l'anatomie masculine... C'est pourquoi une batterie de diapos m'est précieuse. « Avec votre objectif, vous les aidez à objectiver leurs problèmes », me dit le psychologue.

Le groupe que j'ai en face de moi n'est jamais homogène, donc le canevas de mes interventions ne saurait être rigide. Il me faut guetter sur les visages ce qui accroche, ce qui servira de tremplin pour aller plus loin, ce qui, pourtant banal et bénin pour l'une, sera intolérable à l'autre ; ce qui aujourd'hui suscite de multiples questions en chaîne et fait qu'on en restera là de la série de diapos — ce qui s'exprime au niveau du groupe est si important !

Il me faut tenter d'apprendre aussi à apprivoiser ces grossesses symptômes ; que veulent-elles dire et à qui ? Et dépasser cette impression qui me saisit parfois d'un désordre inéluctable.

On va cheminer ensemble avec un programme qui n'est en fait qu'une toile de fond, la base d'une réflexion, dont il faut au départ accepter qu'elle se fasse ou soit refusée. Et peut-on jamais mesurer ce qui est franchi, estimer ce qui est atteint ?

Il me faut situer leur grossesse dans le temps et leur permettre de prendre conscience de la présence de leur enfant, de le personnaliser. C'est, pour elles, une expérience affective intense que la confrontation à l'existence propre de leur enfant, d'autant plus importante qu'il a été souvent inconsciemment ignoré ou nié. Les plus jeunes disent souvent : « J'ai su que j'étais enceinte... le jour où je l'ai dit » et cela a pu les conduire jusqu'au septième mois, pratiquement sans symptômes...

Comme à leur insu, mais seulement ainsi, au moment où elles sont prêtes à le faire, l'enfant prend place dans leur propre corps. Il devient quelqu'un en elles, si lourd bientôt, si embarrassant aussi, et accablant, mais avec lequel il faut maintenant compter.

C'est alors que, si elles trouvent la possibilité à leur tour de compter sur quelqu'un pour les aider à cheminer, elles peuvent aller à sa rencontre. Elles savent intuitivement que cet enfant du rêve ne survivra pas à la naissance de l'enfant bien réel.

« Vous n'avez pas vu les coups de poing qu'elle lui donne en hurlant : "J'en ai marre de ce ventre qui grossit" », m'objectait-on alors. J'ai vu cela aussi. Mais j'ai su aussi que, reconnues femmes, mères bientôt, elles peuvent se permettre de le devenir. De mesurer aussi, chacune pour elle-même, ce qu'elles peuvent envisager, avec ou sans lui, et jusqu'où. Chacune à sa mesure et selon ses possibilités.

Car ce n'est pas l'enfant qu'elle cognait durement mais ce ventre qui l'avait trahie, qu'elle avait, sans y penser, sans le prévoir ni prendre garde, mis en état de procréer, oublieuse de sa fécondité. Cette connaissance de ce qui se passe en elles les aide à vivre. Ce ventre n'est plus difforme, haïssable, mais plein d'un enfant bien réel et combien fragile ! Il ne s'agit plus de grossesse, de femmes enceintes. Elles se sentent femmes, mères, bientôt responsables de cet enfant et de l'avenir qu'elles doivent lui préparer, avec ou sans elles.

C'est dans un article médical collectif, toujours actuel, des Drs Atlan, Brodaty, de Hennezel et Maruani, que j'ai trouvé ces arguments en faveur de l'échographie, cette autre forme de savoir. Plus modestement certes, j'attribue un bénéfice similaire aux diapositives : « Pendant cette période, la façon dont la femme vit son corps, laisse une part très grande à l'imaginaire et aux fantasmes. C'est en ce sens que l'on dit que la grossesse favorise un rempli narcissique : la femme enceinte est centrée sur elle-même... Quelle signification l'enfant prend-il dans le narcissisme de sa mère ? L'enfant peut être vécu comme une part d'elle-même... L'échographie donne à voir le fœtus à la femme et permet de voir à l'intérieur de son corps. Elle permet un glissement de ce qui se voit les yeux fermés, sur ce qui se voit les yeux ouverts... expérience dénarcissante qui préparerait la femme à l'amour maternel altruiste et au travail de deuil nécessaire après la naissance. Si ce travail ne se fait pas, la femme se fixe dans la contemplation de son enfant comme de son image, il se produit un retour à un effet de miroir sans fin. La femme et l'enfant se regrettent l'un l'autre, relation mortifère dont le père est exclu[1]. »

Doublement absent pour elles !

C'est au cours du développement de ce thème, et si l'attention le permet, que je l'introduis, ce père, qui s'est volontairement exclu (lorsqu'il connaît la grossesse, ce qui n'est pas toujours le cas).

C'est souvent leur drame d'avoir été abandonnées parce que enceintes, c'est aussi le moment pour elles de savoir que, dans l'éducation de ce petit enfant, elles doivent veiller à ce qu'il ne

---

1. Drs Atlan, Brodaty, de Hennezel et Maruani : « Aspect psychologique des examens par ultrasons de la femme enceinte », in *Genitif*, avril 1979.

se sente jamais coupable du départ du géniteur qu'elles devront nommer « ton père » (même si c'est pour elles particulièrement difficile à envisager et à accepter).

Si elles ne peuvent pas prétendre être à la fois la mère et le père de cet enfant, qu'au moins, déjà, elles en soient la mère à part entière. Cet enfant a droit à un père, comme tout enfant, et à un père qu'on lui laisse le droit et la possibilité d'aimer s'il le désire, même sans le connaître jamais, orphelin d'un père quelque part présent...

La présence du groupe peut aider, en favorisant un esprit de solidarité dans l'épreuve. Mais il est indispensable de poursuivre une réflexion individuelle et je souhaite qu'elles l'engagent avec l'éducatrice, le psychologue qui, en d'autres mots, dans d'autres types de relation, pourront reprendre avec elles cette idée et aider chacune à trouver sa réponse à la question qu'un jour, bientôt... ce petit enfant leur posera : « Et mon papa à moi ? » Se préparer aussi à entendre cette question que posait à l'une des mères sa petite fille d'à peine cinq ans : « Et si j'étais très, très sage, est-ce qu'il reviendrait ? » Tant il est vrai que l'enfant se sent spontanément responsable de ce qui lui arrive.

Il n'est pas facile de prendre volontairement le rôle de celle qui dit les choses difficiles à entendre. Il me faut l'assumer pourtant. Cette prise de conscience des problèmes qui se poseront à elles, c'est un des facteurs de maturation psychologique que peut favoriser une maternité pleinement vécue.

« La qualité du rôle d'une mère reflète souvent la façon dont elle s'estime en tant que personne. De même, la valeur qu'elle s'accorde reflète la façon dont la société la considère [1] », dit Rose Bernstein.

Plus réjouissant pour moi, sans doute, est de constater qu'après cette séquence sur leur grossesse, elles vivent autrement leur enfant. Il n'est pas rare de voir un changement d'attitude. Elles passent spontanément de la position bras croisés, tentant de cacher un ventre honteux, aux deux mains croisées aptes à soutenir un ventre déjà lourd à porter — et peut-être plus lourd encore après ces prises de conscience.

Ne faut-il pas aider chacune à intégrer cet enfant, le faire exister, afin de pouvoir faire un projet d'avenir pour lui ? L'enfant étrange est devenu enfant porté : la mère se sent habitée par lui, surprise d'avoir le droit d'être fière de porter un enfant.

Le thème de « l'accouchement et sa préparation » est une

1. *Les Mères célibataires*, *op. cit.*

séance plus détendante. Elles la vivent comme l'aboutissement, la résolution heureuse d'une période difficile. Je n'ai jamais trop d'éléments d'informations pour leur permettre de vivre le plus activement possible et avec le maximum d'intensité cette mise au monde de leur enfant. Elles apprécient la dynamique de l'accouchement et le rôle actif qu'elles auront à jouer. Les résultats sont parfois surprenants et je me plais à penser que ces séances d'accouchement visualisé ne sont pas étrangères au bon déroulement et à la rapidité de la naissance. Elles sont fières de m'en rendre compte à leur retour : « Je n'ai rien senti », me dit Dominique qui, à quinze ans et demi, a mis au monde en deux heures un gros garçon de 3,600 kilos... Comme je me permets tout de même un certain étonnement, elle ajoute : « Oh si, les points qu'on m'a faits après m'ont fait très mal... »

Je tiens beaucoup à ce que, malgré le tragique de certaines situations, la joie de mettre un enfant au monde soit aussi la leur. Je n'oublie pas pour autant et n'exclus pas de ce moment de plénitude, unique et privilégié, celles qui ne pourront aller au-delà de la naissance et qui, ayant conscience — combien douloureusement parfois — de ne pouvoir faire davantage, auront le courage de solliciter un relais pour leur enfant. Je le leur dis avec d'autres mots sans doute, mais j'essaie de faire passer toute l'estime qu'elles sont en droit d'attendre, malgré, à cause peut-être, de leur décision d'abandon mûrement consentie.

C'est d'ailleurs après cette séquence que l'une ou l'autre est venue me confier :

« Je ne l'ai dit à personne... mais c'est cela que je voudrais pour lui... »

Ce fut pour moi aussi troublant que révélateur. Je compris que la culpabilité et la culpabilisation ne leur permettaient pas d'accéder à la possibilité d'admettre cette démarche. Et de parvenir à l'exprimer.

Je compris aussi — elles me l'apprirent — que faire exister cet enfant, puis anticiper sa naissance, leur permettrait de le projeter, de se projeter elles-mêmes dans un futur jusque-là impensable.

« Il y a une sorte d'éclosion d'humanité qui accompagne l'accouchement », dit Françoise Dolto. Là aussi, il faut laisser s'exprimer, permettre de dire, admettre que la souffrance apparaisse, sans oublier que les plus cruelles, les plus braquées sur l'abandon sont souvent celles qui, plus ou moins inconsciemment, souhaiteraient cette solution pour leur enfant si elles avaient pu, un jour, se permettre d'y penser, de se le dire, de le dire...

Sans doute, pour pouvoir l'entendre, faut-il avoir dépassé ses propres défenses. « Tout être humain est saisi d'une angoisse profonde face à l'absence de sentiment maternel, car cela réveille en lui tous ses souvenirs et ses fantasmes de mauvaise mère enfouis dans le passé oublié et qui sont la source des angoisses les plus destructurantes », explique si justement Béatrice Marbeau-Cleirens, psychothérapeute, psychanalyste d'enfants[1]. Je sais ce que je dois personnellement à l'étude de ses travaux. La problématique féminine, l'importance de l'inconscient dans la maternité, la psychologie féminine sont éclairées par sa réflexion de manière très aidante. Après elle, grâce à elle, on peut admettre et constater qu'« une grossesse illégitime et l'abandon d'un enfant sont deux expériences traumatisantes qui peuvent être bénéfiques dans la mesure où ces éléments sont vécus dans leur totalité, dans ce qu'ils ont de douloureux, de frustrant, afin qu'ils soient l'occasion d'une prise de conscience des problèmes qui les ont suscités ».

Après toutes ces années de travail auprès de ces jeunes mères, je pense n'avoir pas encore rencontré celle dont on m'avait dit qu'elle « dépose son enfant comme un fardeau et s'en va sans se retourner », pour peu, bien sûr, qu'on veuille dépasser une apparence si trompeuse ou si bien imitée de légèreté et d'indifférence.

On découvre plutôt un chagrin sans bornes, sans oubli possible, un désespoir qui cependant s'apaise lorsqu'on peut lui dire : « Quand vous penserez à votre enfant — car il n'est pas question d'oublier —, vous pourrez, vous aurez le droit de vous dire qu'il est heureux quelque part, par vous, parce que vous lui avez donné la vie, parce que vous avez voulu pour lui un père et une mère, un foyer. Et que, par vous, seront heureux un homme et une femme qui, sans vous, n'auraient jamais connu cette joie ! » Mais encore faut-il en être soi-même profondément convaincu pour se permettre de le formuler.

Je peux ajouter ce que des parents adoptifs m'ont dit et que j'ai alors le droit de leur transmettre : « Chaque jour, nous avons une pensée reconnaissante pour la mère de notre enfant, que nous aimons à travers lui ; et nous lui apprenons à aimer celle qui lui a donné la vie. »

Puissent-ils être nombreux à le penser et à le leur dire !

Et elles, pourront se le répéter aussi souvent qu'elles auront

1. *Op. cit.*

mal. Car de quel droit vouloir nier cette souffrance et ce possible réconfort ? Humaniser l'abandon...

Pourquoi ne pas cesser de les culpabiliser, pourquoi leur refuser ce dont elles ont tant besoin : savoir que quelque part, et quoi qu'il arrive, quelqu'un pense à elles et les aime d'un amour gratuit et gratifiant ?

Ces jeunes femmes, à cause de leur très jeune âge pour la majorité d'entre elles et du déficit qu'elles ont subi sur le plan physique et affectif, constituent le groupe le plus délicat. La contraception est à aborder aussi au cours d'un entretien individuel mené avec beaucoup de tact et de compétence technique. On ne peut échapper au paradoxe que constituerait la revalorisation de leur sexualité, de la maternité, de la fécondité et, dans le même temps, la banalisation inhérente à une prescription contraceptive intempestive et, pour bon nombre d'entre elles, prématurée, à condition évidemment qu'elles se sentent suffisamment estimées, respectées, à la maison maternelle ou ailleurs, pour n'avoir pas besoin de tester à l'extérieur l'intérêt qu'elles peuvent encore susciter... Cette phrase prononcée un jour par Brigitte d'une voix serrée par l'émotion me révéla le tragique de certaines solitudes : « Je sais qu'après ils me méprisent mais pendant un moment, je m'imagine que quelqu'un s'intéresse à moi... »

La mère adolescente, mère prématurée, inquiète, et on ne peut en méconnaître les raisons. Il faut admettre aussi qu'une partie du monde médical, paramédical, social, confronté aux problèmes qu'elle suscite, est sujet aux réactions rapides, efficaces, voire radicales. Au moins pouvons-nous prévoir, éviter les réactions impulsives, les jugements erronés ou dévalorisants, d'où la bonne volonté et les meilleures intentions ne sont pourtant pas exclues.

Le travail de restructuration, de constante réhabilitation, pour compenser la grave dévalorisation dont elles sont meurtries, tant sur le plan physique que moral, réclame une élaboration et une réflexion qui ne peuvent se dispenser du facteur temps.

La maturation comme l'éducation sauraient-elles faire l'économie d'une longue patience, d'une indispensable confiance et d'une inépuisable espérance ?

Table

Photocomposition Nord Compo
59650 Villeneuve-d'Ascq

Achevé d'imprimer par la
SOCIÉTÉ NOUVELLE FIRMIN-DIDOT
Mesnil-sur-l'Estrée
pour le compte des Éditions Stock
23, rue du Sommerard, 75005 Paris
en mai 1996

Imprimé en France
Dépôt légal : mai 1996
N° d'édition : 5426 - N° d'impression : 34817
ISBN : 2-234-04645-9
54-07-4645-01/5